환희 활기 하나 됨 성장
생기 분별 정열

무지개 영성

이성희 지음

한국장로교출판사

머리말

독서는 목회자의 일상입니다. 독서는 지식을 충족하는 단순한 수단이 아니라 영성 훈련의 한 방법입니다. 수도사들의 일과는 기도와 학습, 노동으로 이루어져 있습니다. 교회의 전통에서 말하는 상상력에 의한 기도는 처음부터 '거룩한 독서'(Lectio Divina)와 관련이 있습니다. 기도와 독서는 별개의 것이 아니라 하나입니다. 그래서 수도사들은 항상 거룩한 독서를 지향합니다. 거룩하지 못한 독서는 영혼을 병들게 합니다. 상상력에 의한 기도는 성경 안에서 하나님을 만나는 방법입니다. 그러므로 이 기도는 항상 거룩한 독서와 함께하는 것입니다. 교회의 전통에서 말하는 거룩한 독서란 말씀을 묵상하는 단계를 통하여 말씀이 삶이 되게 하는 것입니다. 성경 말씀은 거룩하며 성경 말씀을 읽는 일은 거룩한 독서입니다. 성경 말씀을 묵상하는 방법은 네 단계를 거칩니다. 첫째는 읽기(Lectio)입니다. 둘째는 묵상(Meditatio)입니다. 셋째는 기도(Oratio)입니다. 그리고 넷째는 관상(Contemplatio)입니다. 목회자의 독서가 거룩한 독서가 될 때 영혼을 살지게 하고 살릴 수 있습니다.

묵상 또한 목회자의 일상입니다. 리처드 포스터는 「영적 훈련과 성장」에서 독서의 본질적 방법을 세 가지로 설명하였습니다.

첫째는 이해하는 것, 둘째는 해석하는 것, 셋째는 평가하는 것입니다. 독서의 내용을 분석적으로 이해하고, 해석하고, 평가하여 내 자신의 것으로 만드는 것이 독서에 있어서 가장 중요한 작업입니다. 독서가 끝난 후, 자료 정리에 따라서 독서의 내용들을 나의 것으로 완전히 소화할 수 있습니다. 이해한 내용들, 해석한 내용들, 그리고 평가한 내용들을 정리하면 모든 독서의 과정이 끝납니다. 목회자의 독서는 그냥 읽고 끝나는 것이 아니라 해석하고 정리하고 묵상하는 일입니다.

글쓰기도 목회자의 일상입니다. 목회자는 작가입니다. 목회자는 창작자입니다. 목회자는 글을 쓸 기회가 많습니다. 설교원고를 작성하는 것이 글을 쓰는 일이며, 사고의 전달을 길고 짧은 글로 옮겨 써야 할 일이 많습니다. 글을 쓰는 것은 독서의 마무리이며 남의 글을 나의 글로 만드는 작업입니다. 그러므로 글을 쓰는 것이 독서의 끝이며, 글로 써야 나의 생각이 비로소 정리됩니다.

저는 글쓰기를 좋아합니다. 글을 쓰면 마음이 평안하고, 글을 쓰면 생각이 정리되고, 글을 쓰면 시간 가는 줄을 모르고, 글을 쓰면 절로 힘이 납니다. 글에는 생각이 담겨 있고, 글에는 뜻이 담겨 있고, 글에는 삶이 담겨 있습니다. 그래서 글에는 힘이 있습니다.

글을 통하여 내 생각을 전하고, 글을 통하여 내 인격을 전하고, 글을 통하여 내 믿음을 전할 수 있습니다. 그래서 저의 글을 읽는 사람들이 저를 이해하고, 저와 같은 생각을 가지고, 저와 같은 길을 가게 됩니다.

주일이면 가슴이 두근거립니다. 사랑하는 성도들을 만난다는 설렘 때문입니다. 사랑하는 성도들에게 가장 좋은 것을 드리고 싶은 마음에 저의 생각을 펴냅니다. 매 주일 주보에 '목회칼럼'이란 글을 써서 성도들을 만납니다. 그 주간의 특별한 사회적 이슈가 있으면 성경적, 신앙적 대답을 주려고 애를 썼습니다.

바울은 "내가 그리스도를 본받는 자가 된 것같이 너희는 나를 본받는 자가 되라."고 하였는데 언젠가 사랑하는 성도들에게 마지막 설교를 하게 될 때 이 본문으로 설교하려고 합니다. 지금은 아니지만 은퇴 설교에서는 이렇게 외칠 수 있는 자신감을 가지고 살려고 합니다. 그 전에라도 저의 생각을, 저의 삶을 전하려고 글에 저의 생각과 삶을 담았습니다.

40년 동안 저의 생각을 다듬어 주고 발걸음을 함께한 아내와 딸과 아들의 가정, 보석 같은 네 손자들에게 사랑을 전합니다. 24년을 한결같이 저를 사랑해 주신 연동교회 성도들이 이 글의 주인공입니다. 부족한 글들을 모아 한 권의 책으로 엮어 주신 한국장로교출판사의 채형욱 사장님과 직원들에게 감사드립니다. 그동안 저의 졸저들을 사랑해 주시고 격려해 주신 모든 독자들에게 또 다른 글로 만날 것을 약속드리며 같은 사랑을 전합니다.

2013년 주님이 오신 성탄에 도심 수도원에서

이성희 목사

C·O·N·T·E·N·T·S

제1장 **정열**

우리나라 만세 I 014 새해를 성공적으로 사는 법 I 016 엄지족과 휴대전화족 I 018 그리스도인의 공간 I 020 여름 I 022 자세가 아니라 방향이다 I 024 살아 있다는 것 I 026 죽지 않고 살아서 선포하리라 I 028 어느 목사님의 죽음 I 030 출산 장려 I 032 타지마할 I 034 미국 판 말아톤 I 036 고통도 알고 보면 은총인 것을 I 038 젊은이의 투자 I 040 손이 따뜻한 사람 I 042

제2장 **환희**

참 아름다움 I 048 삶과 사랑 I 050 그리스도인의 얼굴 I 052 관용 I 054 교회의 이중성 I 056 교회를 떠나는 교인 I 058 주기도문이 절실한 시대 I 060 명품과 짝퉁 I 062 웃음 셔터 I 064 가정중심형 부자 I 066 길 I 068 부부가 사는 법 I 070 미인 I 072 레즈비언 I 074 헬리콥터 맘 I 076

제3장 **분별**

평범과 탁월 I 082 나니아 연대기 I 084 지각의 추학 I 086 분별의 영성 I 088 신앙과 지식 I 090 논을 갈아 콩을 심는 마을 I 092 사회지능 I 094 거실을 서재로 I 096 휘슬 블로어 I 098 회의 때문에 I 100 이름 효과 I 102 정치 동물 I 104 세계 1위 I 106 배려하는 말 I 108 자존심 I 110

 제4장 **성장**

변화를 기대하는 비전가 | 116 리더와 관리자 | 118 지구의 자원 | 120 아이스필리아 | 122 생선 찬가 | 124 툰드라와 빙하 | 126 지구온난화의 승자와 패자 | 128 개보다 못한 사람 | 130 정상인보다 건강한 장애인 | 132 물 부족 시대 | 134 시애틀 | 136 불타는 얼음 | 138 바사호의 비극 | 140 매머드 | 142 해 없는 무지개는 없다 | 144

 제5장 **활기**

그리스도인의 태도 | 150 스캔 테스트 | 152 웰빙 | 154 유쾌한 장례식 | 156 감사하는 사람의 복 | 158 칭찬은 최고의 인생 투자 | 160 경제지수와 부패지수 | 162 자기 사랑 | 164 두려움을 극복하는 비결 | 166 나는 행복합니다 | 168 구구팔팔 | 170 배가 따뜻해야 합니다 | 172 비저너리 | 174 좋은 잠의 해답 | 176 안락사 | 178

 제6장 **하나 됨**

인디언 보호구역 | 184 동굴 속의 사람 | 186 남아 있는 것만으로도 | 188 여성과 교회 | 190 바울과 바나바의 갈등 | 192 일본은 있다 | 194 예루살렘과 메카 | 196 아버지에게 들은 이야기 | 198 교회의 성평등지수 | 200 아잔과 종소리 | 202 감사지수 | 204 양말과 예절 | 206 문무(文武) | 208 슬럼 | 210 단일민족 | 212

 제7장 **생기**

영성과 삶 | 218 피의 성당 | 220 오보에 | 222 착각 | 224 쉼의 영성 | 226 노래 | 228 기독교와 자본주의 | 230 금식의 기쁨 | 232 사막의 단순성 | 234 오순절교회 | 236 예수 믿는 행복 | 238 웃음의 영성 | 240 가위바위보의 영성 | 242 서든 데스 | 244 인저리 타임 | 246

무 . 지 . 개 . 영 . 성 .

바람, 구름, 비, 눈, 무지개 등 대기 중에서 일어나는 다양한 대기현상을 묶은 말을 기상이라고 합니다. 기상관측의 입장에서는 대기현상 가운데 무지개, 해무리, 신기루, 아침노을, 저녁노을 등과 같이 해나 달의 빛의 반사, 굴절, 회절, 간섭에 의하여 생기는 광학적 현상을 대기광상이라고 합니다.

무지개는 다양성 속에서의 일치를 상징하기도 합니다. 다양한 색깔이 모여 하나의 무지개를 만듭니다. 다양한 인종이 하나의 인류를 만들고, 다양한 인격을 가진 사람들이 하나의 공동체를 만듭니다. 결코 함께하고 싶지 않은 사람과도 함께해야 하는 곳이 이 땅의 공동체입니다.

미국의 공식 국가명은 '아메리카 합중국' (The United States of America)입니다. 1960년대 이전의 미국은 '멜팅팟' (Melting Pot / 인종, 문화 등 여러 요소가 하나로 융합·동화되는 현상이나 장소로 '인종의 용광로' 라고도 한다. 미국의 다민족문화가 멜팅팟의 대표적인 예다.)으로서 모든 문화가 하나로 녹아 버리게 된다고 보았습니다. 1970년대에는 '샐러드볼' (Salad Bowl)로서 한 접시에 각양의 채소, 과일이 섞여서 맛을 낸다고 보았습니다. 1980년대에는 일곱 가지 색깔의 무지개(Rainbow)처럼 민족들이 개성을 발휘함으로 아름다운 조화를 이룬다고 보았습니다. '용광로 정책' 에 실패한 미국은 다양한 인종이 각자의 특성을 유지하면서 하나가 되는 '무지개 정책'을 펴고 있습니다.

숫자 7은 '마법의 수'라고 합니다. 인간이 순간적으로 인식하고 분별할 수 있는 것이 일곱 개이기 때문입니다. 조지 밀러가 1956년에 발표한 "일곱이라는 마법의 수"(The Magical Number Seven, Plus or Minus Two)라는 논문은 심리학계에서 전설로 자리 잡았습니다. 일주일은 7일이고, 세계의 7가지 불가사의, 그리스의 7사람의 현인, 그리스 신화에 나오는 아틀라스의 7명의 딸, 중국의 7서(四書三經) 등, 7이란 수로 조합된 것은 헤아릴 수 없이 많습니다. 특히 요한계시록은 7의 홍수입니다. 일곱 교회, 일곱 촛대, 일곱 별, 일곱 나팔, 일곱 천사, 일곱 재앙, 일곱 머리, 일곱 뿔, 일곱 눈 등 7이 줄줄이 등장합니다. 7은 성경적 수일 뿐만 아니라 동서양에서 공통적으로 기억하기 쉬운 한 단위로 보여집니다.

무지개의 색깔을 빨강, 주황, 노랑, 초록, 파랑, 남색, 보라의 7가지 색이라고 하지만 사실은 헤아릴 수 없이 많습니다. 선택의 수가 많을수록, 옵션이 많을수록 더 행복한 것이 아니라 무지개처럼 7개 정도의 선택에서 가장 만족감이 높고 그 이상이면 오히려 만족도가 낮아지는 현상을 '무지개 현상'이라고 합니다. 옛 사람들은 무지개를 세상과 하늘을 연결해 주는 다리라고 생각했습니다. 무지개는 하늘의 하나님과 내가 하나가 되는 언약의 표시이며 우리 모두가 하나가 되는 신비입니다.

정열　환희　분별　성장　활기　하나됨　생기

제1장
정 열

passion

'정열'이 가진 색은 빨강입니다.

빨강은 힘과 행동을 의미하며
정열의 눈부심이 있습니다.

#정열

**가슴속에서
맹렬하게 일어나는
적극적인 감정**

즐거운 삶을 살아야 합니다. 우리는 모두 같은 하늘에서 살고 있지만, 삶의 수준은 저마다 다르며, 모든 사람의 삶의 소명은 다 다릅니다. 아무것도 하지 않는 것 같지만 살아 있다는 것은 무엇인가 하고 있다는 것이며, 이것이 바로 하나님의 소명입니다. 이것을 소명으로 느끼는 삶이 보람 있는 삶이며, 가치를 창출하는 삶입니다.

우리나라 만세

미래학자들은 한결같이 우리나라에 대한 높은 관심을 가지고 있습니다. 다양한 미래 예측을 종합해 보면 우리나라가 21세기의 세계 중심 국가가 되며 이러한 가능성은 통일된 한국에 있다는 것입니다. 21세기는 동북아시아의 쌀을 먹는 나라가 세계를 지배하게 될 것이라고 앨빈 토플러가 예견했습니다. '동북아시아의 쌀을 먹는 나라'란 우리나라와 중국과 일본을 지칭하는데, 이 세 나라는 젓가락 문화를 가지고 있다는 공통점이 있습니다. 젓가락을 쓰는 나라가 세계를 지배할 것이라는 예측은 손이 발달한 민족이 세계를 지배하게 될 것이라는 말입니다. 손이 발달한 민족이 세계를 지배할 것이라는 말은 미래의 신기술이 작게 만드는 나노기술이 될 것이며 손이 발달한 민족이 작게 만드는 재주를 가지고 있다는 말과 같습니다.

우리나라가 세계의 중심국가가 될 것이라고 확신할 수 있는 또 다른 이야기가 있습니다. 사람들은 흔히 21세기를 환태평양 시대라고 합니다. 세계의 역사는 바다를 중심으로 변천했습니다. 지중해를 중심으로 한 고대의 역사가 있었고 대서양을 중심으로 한 근대사회가 있었습니다. 그러나 이제 태평양을 중심으로 한 미래사회가 전개되고 있습니다. 이미 태평양 시대는 시작되었습니다. 이러한 태평양 시대에서 우리나라는 태평양을 끼고 있는 신흥 해양국으로 주목을 받고 있는 것입니다. 그런 의미에서 동북아시아의 허브 공항이라는 인천공항을 개항하고 서해안 시대라고 일컫는 것도 같은 맥락입니다.

우리나라가 21세기의 세계 중심 국가가 될 것이라는 증거는 이것뿐만이 아닙니다. 21세기에는 제3의 맛이 세계를 지배합니다. 제1의 맛은 소금이며, 제2의 맛은 산업사회의 맛으로 마요네즈나 케첩 같은 가공한 양념의 맛이며, 제3의 맛은 발효음식의 맛입니다. 김치, 된장, 간장, 고추장, 식혜, 그리고 막걸리 같은 우리나라 전통음식의 대부분이 발효음식이며 우리나라는 세계에서 발효음식이 가장 발달한 나라입니다. 이와 같이 21세기는 우리가 세계의 중심이 될 수 있는 호기를 제공하고 있습니다. 이런 여러 가지 의미에서 피터 드러커는 우리나라가 단군 이래로 가장 좋은 기회를 맞이하고 있다고 하였습니다.

그러나 이런 기회는 그냥 다가오는 것이 아니라 준비된 자에게 주어지는 선물입니다. 그리고 21세기의 세계 중심이 될 우리나라는 남한이나 북한이라는 반쪽이 아니라 통일 한국일 것입니다. 통일은 21세기의 세계 중심 국가가 되기 위한 가장 중요한 요건이며, 필수적인 준비 중의 하나입니다.

하나님께서 우리에게 주신 우리 조국, 우리 민족이 얼마나 뛰어난지 생각하면서 실제로 우리나라가 세계의 중심 국가로 우뚝 설 수 있도록 해야 할 것입니다. 하나님이 보우하사 우리나라 만세입니다.

새해를 성공적으로 사는 법

우리가 사는 현대 사회는 15초마다 새로운 과학 논문이 발표되고 15분마다 새로운 상품이 등장하는 등 기술 혁신이 이루어지는 시대라고 합니다. 그래서 새것이 아닌 것이 없습니다. 홈쇼핑이나 인터넷 쇼핑몰에서도 '신상품'이 매일 끊임없이 쏟아져 나오고 있을 만큼 새롭고 진기한 것들이 많이 나옵니다.

헬라어에는 새것을 의미하는 두 단어가 있습니다. 먼저 네오스(neos)란 단어는 양적으로 새로운 것을 말합니다. 카이노스(kainos)는 질적으로 완전히 새로운 것을 의미합니다. 예수님께서는 새 포도주는 새 부대에 담아야 한다고 말씀하시면서 이 두 단어를 함께 사용하셨습니다. 새로운 포도주는 질적으로 새로운 부대에 담길 필요가 있음을 말씀하고 계신 것입니다. 성경에 나오는 새것은 한결같이 생명, 사랑, 치유, 회개, 창조를 의미합니다.

새롭게 함으로 번역되는 헬라어 '아나카이노스'는 사고의 중대한 개혁을 암시합니다. 리더십 전문가로 알려진 존 맥스웰은 "생활이 바뀌기 위해서는 생각이 바뀌어야 한다. 많은 사람들은 생활이 바뀌기를 원하지만 생각을 바꾸지 않는다."고 하였습니다. 생각의 개혁이 새로운 삶을 가능하게 합니다.

오래전에 읽었던 '꿈을 이루고 성공하기 위한 8가지 성공 법칙'이라는 짤막한 글을 소개합니다. 첫째, "나도 할 수 있다."는 생각으로 새롭게 시작해야 합니다. 당신에게는 무궁무진한 잠재력이 있습니다. 하나님께서 주신 평생의 잠재력의 5%만 사용해도 천재가 됩니다. 둘째, 당신의 목표를 마음의 소원과 일치시켜야 합니다. 막연한 욕망은 소원이 아닙니다. 소원을 분명히 하고 총력 투구합시다. 셋째, 부정적인 생각을 버려야 합니다. "나는 안 돼.", "할 수 없어.", "나 같은 게 뭘."이라는 소리가 들려오거든 "이전의 나는 무능했지. 그러나 이제는 달라. 새사람이 되었다."라고 응답합시다. 넷째, 언제나 긍정적인 말을 매일같이 반복해야 합니다. "나는 성장하고 있다.", "나도 성공할 수 있다.", "해낼 수 있고 말고."라고 다짐합시다. 말은 힘과 용기를 더하는 영양소입니다. 다섯째, 대가를 지불해야 합니다. 진정한 성공은 땀과 수고를 통해서만 완성됩니다. 심는 대로 거두는 법입니다. 여섯째, 문제가 생기고 어려움이 닥쳐도 낙심하거나 포기해서는 안 됩니다. 일곱 번 넘어져도 여덟 번 일어선다는 용기와 신념을 가집시다. 일곱째, 모든 일에 감사해야 합니다. 실패가 실패로 끝나는 것이 아니라 성공의 밑거름이라고 생각합시다. 여덟째, 될 수 있는 대로 꿈을 크게 가져야 합니다. 꿈을 꾸는 것에는 수고도, 돈도 필요하지 않습니다. 그 큰 꿈을 하나님께 기도로 가져가십시오. 사람의 힘으로는 불가능한 일처럼 보여도 하나님께는 아주 쉬운 일입니다.

엄지족과 휴대전화족

 정보기술(IT)의 융·복합과 이동통신의 진화가 계속되면서 이제는 휴대전화가 단순히 전화를 걸고 문자를 보내는 차원에서 벗어나 광범위한 용도로 활용되고 있습니다. 최신 휴대전화에는 이전에 상상조차 할 수 없었던 다양한 기능들이 숨어 있습니다. 비즈니스맨들을 위한 명함인식 기능부터 힙합문화 신세대들을 위한 모션 비트박스 기능까지, 휴대전화의 첨단 기능은 하루가 멀다 하고 다양하고 빠르게 발전하고 있습니다.

 이미 현대인들에게 스마트폰은 일상적인 도구가 되었습니다. 휴대전화와 디지털 카메라의 통합을 컴퓨터로 연결하여 하나의 기기를 가지고 다양한 기능으로 사용하는 것입니다. 이런 정보통신 산업은 앞으로도 예상을 초월하는 기술력으로 발달하여 인간의 삶을 더욱 편리하게 할 것입니다.

 이동통신 단문메시지 서비스 건수가 음성 서비스 건수를 넘어선 것은 이미 오래입니다. 엄지손가락을 이용해 문자를 보내는 엄지족이 발신통화를 주로 하는 목소리족을 누른 것입니다. 그러나 전문가들은 앞으로 화상전화와 문자, 음성을 동시에 관리하는 통합 메시징 시스템이 본격적으로 도입되면 엄지족도 곧 사라지게 될 것이라고 전망하고 있습니다.

　이 같은 다양한 기능들 때문에 신세대들은 하루 종일 휴대전화를 손에 쥐고 살아갑니다. 휴대전화를 생활필수품으로 활용하며 휴대전화로 하루를 시작해 휴대전화로 끝을 맺는 '휴대전화족'이라는 용어까지 등장했습니다. 많은 젊은 세대들에게 가장 중요한 삶의 도구가 휴대전화가 된 지는 이미 오래되었습니다. 학생들이 아침에 학교에 가다가 교과서나 노트를 놓고 온 경우에는 "어떻게 하지?" 하면서도 그냥 학교에 간다고 합니다. 그러나 학교에 가는 길에 휴대전화가 없는 것을 알게 되면 다시 집으로 돌아가 휴대전화를 가지고 학교에 간다고 합니다. 이미 휴대전화가 학생들에게도 가장 필요한 생활필수품이 되었다는 뜻입니다.

　많은 신세대들이 휴대전화를 가져오지 않으면 굉장히 불안해합니다. 휴대전화로 인해 불안감을 느끼는 것은 휴대전화가 삶의 큰 비중을 차지하고 있다는 증거입니다. 어떤 휴대전화족들은 휴대전화를 목에 걸고 다닙니다. 그들은 휴대전화에 목을 매어 단 것입니다. 휴대전화는 이미 우리 시대를 살아가는 사람들의 삶에서 빼놓을 수 없는 한 부분이 된 것입니다.

　손이 발달한 우리 민족에게 휴대전화는 하늘의 선물이라고 볼 수 있습니다. 그러나 우리는 영적인 손이 발달한 민족이 되어 우리의 손으로 주님을 만질 수 있는 영적 엄지족이 되어야 합니다. 영적 교감이 발달하여 하나님과의 대화가 끊이지 않는 영적 엄지족이 되기를 기대합니다.

그리스도인의 공간

얼마 전 신문에서 '발자국 지수'란 용어를 본 적이 있습니다. 발자국 지수란 인간이 밟고 지배하며 살아가는 공간의 지수를 의미합니다. 환경적으로 볼 때는 발자국 지수가 낮아야 좋다고 합니다. 우리나라는 OECD 국가 가운데 비교적 발자국 지수가 낮은 편이었습니다.

서양 사람들의 잠자리인 침대는 자고 나도 공간을 그대로 점유하지만 우리나라는 이부자리를 개고 나면 공간을 원점으로 환원합니다. 서양 사람들이 사용하는 의자는 앉았다 일어나도 공간을 점유하지만, 우리나라의 방석은 치우고 나면 공간을 절약합니다. 서양 사람들의 운반 도구인 가방은 아무것도 들어 있지 않아도 공간을 차지하지만, 우리나라의 보자기는 사용하고 나서 접어 넣으면 공간을 돌려줍니다. 옷도 그렇습니다. 서양 사람들의 양복은 길게 옷걸이에 걸어 놓아 입체 수납하여 공간을 유지하지만, 우리나라의 한복은 접어서 장롱 속에 넣어 평면 수납함으로 공간을 절약합니다. 아이들의 공작도 서양은 종이를 오려 붙여서 공간을 차지하지만 우리는 종이를 접어서 만들어 공간을 줄입니다. 즉, 우리나라는 공간경제가 아주 발달한 나라라는 것입니다. 그래서 우리나라는 인구 밀도가 높고 좁은 공간에 많은 사람이 모여 살고 있습니다.

그리스도인은 공간을 아껴야 합니다. 모든 공간이 내 공간이 아닌 것을 알아야 합니다. 그리스도인의 공간은 내 것이라기보다 다른 사람을 위한 공간이어야 합니다. 궁극적으로 그리스도인의 공간은 그리스도를 위한 공간이며 그분의 공간입니다. 우리는 그리스도인의 모든 공간이 그리스도의 공간임을 인정해야 합니다.

옛날에 '땅 뺏기'라는 놀이가 있었습니다. 조그마한 돌을 손가락으로 튕겨서 세 번 만에 자기 집에 들어오면 그만큼이 내 땅이 되는 것입니다. 하지만 아무리 많은 땅을 얻었다고 하더라도 놀이가 끝나면 모두가 훌훌 손을 털고 집으로 갑니다. 그 땅에 대해서 아쉬워하는 사람은 아무도 없습니다. 이것은 우리가 얻는 공간과 같습니다. 이 세상에서 아무리 많이 얻었다고 하더라도 세상을 떠나게 되면 훌훌 털고 빈손으로 갑니다.

성경에 보면 하나님께서 족장들에게 "네가 밟는 곳을 너에게 주리라."고 말씀하십니다. 공간은 하나님께서 주시는 복 가운데 하나입니다. 그러나 인간이 평생을 살면서 밟을 수 있는 공간은 실제로 얼마 되지 않습니다. 또 그것을 가진다고 하더라도 완전한 만족은 있을 수 없습니다. 공간을 많이 갖는 것보다 더 중요한 것은 우리의 공간을 그리스도를 위한, 그리스도의 공간으로 만드는 것입니다.

여름

시인 헨리 롱펠로는 그의 시 "여름날의 비"에서 이렇게 말합니다. "우주는 헤아릴 수 없는 바퀴 같은 것, 끝없이 돌고 돌며, 한 번 지나갈 때마다 과거엔 보이지 않던 것을 보여 준다네." 그는 여름날의 비를 통하여 우주를 보고 인생을 보며 시간을 보고 있습니다. 계절을 통하여 우주를 보고 시간을 보고 인생을 볼 수 있다면 지혜로운 인생이라고 할 수 있을 것입니다.

여름은 사계절 가운데 가장 풍요한 계절입니다. 기상학적으로는 6월부터 8월까지를 여름이라고 합니다. 옥스퍼드 사전에서는 5월 중순부터 8월말까지를 여름이라고 합니다. 그러나 이런 기상학적 개념이나 사전적 의미가 객관성이 있는 것은 아닙니다. 남반구에서는 그 달이 가장 추운 달입니다. 성경에도 여름에 대한 말씀들이 있습니다. 시편에는 "주께서 빛과 해를 마련하셨으며 주께서 땅의 경계를 정하시며 주께서 여름과 겨울을 만드셨나이다"(시 74 : 16-17)라고 합니다.

여름이란 순수한 성경의 언어는 히브리어의 '카이츠'라는 말입니다. 이 말은 '뽑다', '모으다'란 의미를 가지고 있는 수확을 뜻하는 동시에 열매란 의미도 포함하고 있습니다. 우리나라의 고어에서 여름은 열매라는 의미도 가지고 있습니다. 이런 언어의 상관관계는 인간이 가지고 있는 보편적인 감성 때문이라고 봅니다.

　우리나라는 사계절이 뚜렷한 기후를 가지고 있습니다. 아무리 생각해도 우리나라의 기후가 세계에서 제일 좋은 것 같습니다. 그 가운데 여름은 가장 풍요하고, 긴 시간을 사는 계절입니다. 지루한 장마도 있지만 장마가 끝나면 가장 뜨거운 햇볕을 느낄 수 있습니다. 특히 산과 바다는 빼놓을 수 없는 여름의 낭만입니다. 그런데 이렇게 좋은 것을 제대로 사용하지 못하는 사람들도 많이 있습니다.

　얼마 전 신문에서는 여름과 자살의 상관관계에 대하여 말했습니다. 햇빛이 비치는 쾌청한 날일수록 자살이 많이 발생한다는 것입니다. 햇빛이 자살을 유발하는 환경적 요인이 될 수 있다는 주장이 제기된 것입니다. 미국 하버드대학교의 트리코풀로스 박사는 4년 동안 세계 20개국의 자살률과 일조량의 관계를 분석한 결과, 일조량이 가장 많은 달에 자살이 가장 많이 발생한다는 연구 결과를 발표하였습니다. 조사 결과, 북반구 국가에서의 자살률은 여름인 5~6월에 가장 높았으며 남반구 국가에서는 여름에 해당하는 11~12월에 자살이 가장 많이 발생하는 것으로 나타났습니다. 일조량이 많은 여름에 자살률이 높은 이유는 우울증을 가진 사람이 다른 사람들이 행복해할 때 자살하고 싶다는 생각을 하기 때문이라는 것입니다.

　우리는 가장 풍요한 계절을 행복하게 살고, 가장 뜨거운 계절을 열매 맺는 계절이 되도록 해야 합니다.

자세가 아니라 방향이다

"시간처럼 그냥 가는 것보다는 올바른 방향으로 가고 있느냐가 중요하다."라는 말이 있습니다.

얼마나 멋있고 의미 있는 글인지 모릅니다. 누구에게나 시간보다 방향이 중요합니다. 모든 지도자에게 방향은 무엇보다 중요한 의미를 가지고 있습니다. 아무리 빠른 속도로 일을 한다고 하더라도 방향이 바르지 못하면 그 일은 아무것도 아닙니다. 아무리 큰일을 했다고 하더라도 방향이 잘못되면 그 일은 아무 가치가 없습니다. 개인에게나 공동체에게나 방향은 삶의 가치를 제공하고 의미를 극대화하는 중요한 요인입니다.

우리 사회가 극도로 혼란한 것도 결국은 방향성의 문제입니다. 정치적인 일들도 마찬가지입니다. 방향에 대해 아무리 설명해도 대다수의 국민들이 올바른 방향이 아니라고 본다면, 국정의 어려움이 생깁니다. 그 방향이란 객관성이 있어야 하며 선이라는 가치를 동반해야 하는데 그렇지 못하면 걸림돌이 됩니다.

그리스도인에게는 열정이 필요합니다. 그리스도를 향한 열정 없이 성취된 위대함은 없습니다. 열정은 집중력이라는 격렬한 힘의 원천입니다. 동시에 그리스도인에게는 냉정함이 필요합니다. 냉정함이란 열정이 없는 것이 아니라 세상적인 열정을 천국을 향한 갈망으로 바꾸는 방향의 전환을 말합니다. 그러나 무조건적인 열정은 방향 상실의 원인이 됩니다. 괴테는 "중요한 것은 우리가 지금 어디에 있느냐 보다는 어디를 향하고 있느냐이다."라고 하였습니다.

'화이트아웃'이란 말이 있습니다. 천지가 모두 백색이 되어 방향감각을 잃어버리는 상태를 의미합니다. 우리 사회는 나침반이 필요하다 말하고, 방향의 중요성을 떠올리지만 현실은 '화이트아웃'의 상태로 보입니다. 이런 방향성 상실의 요인은 다른 사람이 아니라 우리 그리스도인들의 탓입니다. 왜냐하면 실제로 올바른 방향을 제시할 수 있는 것은 교회밖에 없기 때문입니다.

우리는 죄인의 길에 서지 말아야 하며 길이 아닌 곳으로 가지 말아야 합니다. 예수님이 길이시며 삶의 방향이 되십니다. 그래서 교회는 어느 때나 바른 방향을 알고 제시할 수 있습니다. 성자 어거스틴은 말했습니다. "비틀거리며 절면서 바른길을 가는 것이 꼿꼿이 서서 그릇된 길을 가는 것보다 낫다." 그리스도께서는 우리가 가는 방향을 보십니다.

살아 있다는 것

　베드로가 하늘나라의 진주문에서 새로 도착한 세 사람을 만났습니다. 베드로는 그들에게 질문을 하면서 천국 오리엔테이션을 시작했습니다. "장례식에서 가족과 친구들이 당신에 대해 무슨 이야기를 해 주기 바라는가?" 첫 번째 사람이 말했습니다. "유익한 삶을 산 의사였으며 가정적인 남자였다는 소리를 들으면 만족할 것입니다." 두 번째 사람이 말했습니다. "나는 훌륭한 교사였으며 현모양처였으며 지역 사회의 보배라는 소리를 들으면 행복할 것입니다."라고 하였습니다. 세 번째 사람이 말했습니다. "내가 듣고 싶은 소리는 '이것 봐, 이 사람 살아서 움직여!' 라는 말입니다." 사람이 살아 있다는 것은 그 자체로 가치 있는 일입니다. 산 사람 한 사람이 죽은 사람 열 사람보다 나은 이유가 여기 있습니다.

　사람은 삶 전체를 통해서 살아가는 방법을 배워야 합니다. 생텍쥐페리의 「어린 왕자」에서도 "죽지 않고 있는 것도 하나의 경험입니다."라고 합니다. 살아 있다는 것은 존재의 의미가 아직도 남아 있다는 증거입니다.

　모세의 삶을 통하여 살아 있다는 것이 얼마나 소중한 경험인지를 알 수 있습니다. 하나님이 미디안 광야에 있던 모세를 부르셨을 때 그의 나이는 80세였습니다. 당시의 수명으로는 이미 죽을 때에 가까운 나이였습니다. 모세는 시편 90편에서 "우리의 연수가 칠십이요 강건하면 팔십"이라고 말하고 있습니다. 그런데 하나님은 죽을 때에 가까운 모세를 부르셔서 이스라엘 백성들을 이끌게 만드십니다. 그는 120세가 되었을 때에도 눈도 흐리지 않고 기력도 쇠하지 않았지만 하나님은 그가 가나안에 들어가지 못하게 하시고 느보산에서 죽게 하십니다. 하나님의 사람은 죽고 싶어도 죽지 못하고, 살고 싶어도 살지 못합니다. 모세가 살아 있다는 것은 하나님의 소명이 남아 있다는 증거였습니다. 이 소명이 끝나면 생명도 끝납니다.

우리는 같은 하늘 아래에서 살고 있지만 삶의 수준은 저마다 다릅니다. 또한 삶의 소명이 역시 다릅니다. 아무것도 하지 않는 것 같지만 살아 있다는 것 자체가 소명입니다. 이것을 소명으로 느끼는 삶이 보람 있는 삶이며 가치를 창출하는 삶입니다.

살아 있으면서 삶을 즐기지 못하는 것보다 비극적인 일은 없습니다. 살아 있으면서 삶의 의미를 알지 못하는 것보다 불행한 일은 없습니다. 살아 있으면서 삶의 소명을 느끼지 못하는 것보다 더 불신앙적인 일은 없습니다. 모든 삶은 거룩하고, 모든 삶은 고귀한 것입니다. 천국을 목적지로 하는 우리의 삶은 천국을 위한 소명으로 가득 차 있는 보물 상자입니다. 새롭게 살게 하는 부활은 가장 빛나는 보물입니다.

죽지 않고 살아서 선포하리라

교회는 다양한 기능을 가진 사회적 기관입니다. 이러한 기능은 사회를 구원하기 위한 교회의 소명이기도 합니다. 교회가 가지고 있는 본질적 기능은 크게 선포와 친교와 봉사라고 할 수 있습니다. 복음을 선포하는 기능은 교회가 가진 가장 본질적인 기능이며 소중한 교회됨의 표현입니다.

복음 선포는 예수님을 따르는 모습입니다. 예수님은 세례 요한이 잡힌 다음에 "회개하라. 천국이 가까워 왔느니라."고 복음을 선포하셨습니다. 복음 선포는 예수님을 전하는 수단입니다. 사도들은 복음을 알지 못하는 사람들에게 "예수는 그리스도"라고 선포하는 일에 열중하였습니다. 복음 선포는 예수님을 사랑하는 길입니다. 예수님은 세상을 떠나시기 전에 사람들을 끝까지 사랑하셨습니다.

월트 디즈니는 아이들에게 기쁨을 주기 위하여 테마 공원을 만들고자 하는 꿈을 가졌습니다. 그가 이룬 꿈이 바로 디즈니랜드입니다. 그는 공원을 나서는 모든 고객이 입장할 때와 똑같은 미소를 간직할 수 있게 하자고 결심했습니다. 또한 그는 친절, 볼거리, 능률, 안전이라는 네 가지 가치 가운데 안전을 최우선으로 꼽았습니다. 아무리 다른 모든 것을 골고루 갖춘다고 하더라도 안전하지 못하면 모든 것이 다

무너져 버리기 때문입니다.

그렇다면 교회의 네 가지 가치는 무엇일까요? 교회는 은혜로워야 합니다. 교회는 성장해야 합니다. 교회는 섬김이 있어야 합니다. 교회는 늘 복음을 선포해야 합니다. 그런데 이 네 가지 가치 가운데 복음 선포가 없다면 다른 모든 가치는 아무런 소용이 없습니다. 복음 선포는 교회의 불변하는 최우선의 가치입니다.

신학자 에밀 브루너는 "불의 존재 가치가 태우는 데 있듯이 교회의 존재 이유는 선교에 있다. 선교가 없는 곳에는 교회도 없고, 교회와 선교가 없는 곳에는 신앙도 없다."라고 하였습니다. 복음 선포는 교회가 교회 되게 하는 핵심가치입니다. 상실할 수 없는 교회의 가치입니다.

그리스도인이 복음 선포의 가치를 느끼지 못한다면 세상은 결코 구원받을 수 없을 것입니다. 하나님은 사람을 통하여 세상을 구원하기를 원하십니다. 수도자가 기도하는 것과 같은 자세로 복음을 선포하지 않는다면 이 세상은 결코 구원받지 못할 것입니다. 하나님은 사람의 영적 삶을 통하여 세상을 구원하기를 원하십니다.

오래전 독일의 에르푸르트를 방문했을 때 마틴 루터의 동상 앞에 있는 성경구절을 보며 오랫동안 묵상에 잠긴 적이 있습니다. 시편 118 : 17의 말씀이었습니다. "내가 죽지 않고 살아서 여호와께서 하시는 일을 선포하리로다" 그의 복음에 대한 열정, 교회 개혁에 대한 열정이 우리의 열정이 되기를 바랍니다.

어느 목사님의 죽음

얼마 전 사랑하는 이중표 목사님이 세상을 떠나셨습니다. 오랜 동안 앓으시던 담관암으로 세상을 떠나신 것입니다. 정말 이 세상에 오랫동안 두셔도 하나님이 전혀 손해 보지 않을 목사님을 이렇게 일찍 데리고 가신 것입니다. '별세신학'이라는 목회철학으로 한국 교회 발전에 크게 이바지한 목사님은 한국기독교장로회 목사로 1977년 서울 잠원동에 한신교회를 개척하시어 한국 교회의 대표적인 교회로 성장시켰습니다.

목사님의 '별세신학'은 매일 그리스도 앞에서 자신을 죽이는 '별세의 삶'을 체계화하여 한국 교회에 신선한 충격을 주었습니다. 목사님의 아호는 거지(巨智)였습니다. 음운으로는 아무것도 가진 것이 없다는 의미였고, 내용으로는 크게 깨달은 지혜로운 자라는 의미였습니다. 실제로 목사님은 돌아가시기 전에 '거지'를 선언하시고 자신이 가진 모든 것을 다 정리하셨습니다.

돌아가시기 전 목사님은 「나는 죽어도 행복합니다」라는 책을 내셨습니다. 마치 유언이라도 하듯이 목사님은 자신의 죽음을 행복하다고 하셨습니다. 그는 늘 "축복보다 더 좋은 것이 죽복(죽음의 행복)이다."라고 하셨습니다. 오랜 담석증과 4번의 담관암 수술로 이미 목사님은 별세신학을 삶으로 승화하여 별세의 삶을 살고 계셨습니다. 목사님께는 사는 것도 죽는 것이었습니다.

여러 해 전, 제가 성대 결절 수술을 한 후 펴낸 책 「침묵의 은총」이 막 출판되었을 때의 일입니다. 저는 깜빡 잊고 목사님께 저의 책을 보내 드리지 않았습니다. 그런데 얼마 후 목사님은 그 책을 사서 다 읽으신 다음 소감을 적으시고 은혜를 많이 받았다고 극찬하시며 친필로 쓰신 편지를 보내 주셨습니다. 저는 많은 책을 출판하고 많은 분들에게 책을 보내 드리기도 하지만 그렇게 정성스럽게 자필로 소감을 적어 보내 주신 분은 처음이었습니다. 그때 저는 너무 놀랐고 그분이 새삼 존경스러웠습니다. 그래서 즉시 딱 한 줄의 답장을 써서 보냈습니다. "형님, 제가 졌습니다." 그리고 그 다음부터 나온 책들은 제일 먼저 보내 드렸습니다. 그때마다 저의 책을 읽으시고 만날 때마다 저의 책 칭찬에 인색하지 않으셨습니다.

오래전 여러 목사님 부부가 함께 모여 이야기하는 도중 목사님은 이런 이야기를 들려주셨습니다. 종일 밖에 나가 있다가 집에 들어와 사모님을 보면 눈물이 핑 돌 정도로 사랑스럽고 예쁘다고 하셨습니다. 정말 보기 드문 열정가였습니다. 복음에 열정이 담겨 있었고, 삶에 열정이 녹아 있었습니다. 저는 농담으로 "형님, 자꾸 별세신학 이야기하시면 별세해요." 했었는데, 이제는 그것이 진짜가 되었습니다. 이중표 목사님은 하나님 나라로 가신 이 시대 한국 교회의 큰 별이십니다.

출산 장려

한때 이런 말이 있었습니다. "아들, 딸 구분 말고 둘만 낳아 잘 기르자." 얼마 후에는 이 말이 이렇게 바뀌었습니다. "딸, 아들 구분 말고 둘만 낳아 잘 기르자." 이 말이 또 바뀌었습니다. "딸, 아들 구분 말고 하나만 낳아 잘 기르자." 그러자 이런 우스갯소리가 나왔습니다. "딸, 아들 필요 없다. 둘만 먹고 잘살자." 그런데 이젠 이 말이 우스갯소리가 아니라 사실이 되었습니다.

얼마 전 어느 자료에 의하면 기혼여성의 경우 '무(無)자녀'를 선호하는 비율이 급격히 증가하였다고 합니다. 기혼여성 중 "자녀를 반드시 가질 필요가 없다."고 답한 비율이, 1991년에는 전체의 8.5%였으나 최근에는 44.9%로 나타나 12년 만에 5배 이상 증가하였습니다. 미혼여성도 마찬가지입니다. 미혼여성의 경우 "자녀가 없어도 상관없다."고 답한 비율은 전체의 21.7%로 나타났습니다. 근대 산업화 사회로의 진입은 자녀에 대한 태도의 변화로 이어졌습니다. 또한 여권 신장은 여성들의 출산 기피 현상으로 발전했습니다.

이런 출산 기피 현상은 국가의 미래를 불투명하게 만들고 있습니다. 실제로 3인 가족 시대는 고모, 이모, 삼촌이란 말이 사라지게 될 것입니다. 생존한 증조부나 조부가 손자, 손녀보다 많아질 것입니다.

실제로 이미 장례식이 백일잔치보다 많고 늘어 가는 시, 도가 우리나라에 81개나 된다고 합니다. 국가적 현안인 저출산을 극복하기 위하여 지방자치단체에서는 출산 장려금, 축하금, 양육비 지원, 출산농가 도우미 지원, 자녀를 많이 낳은 가정에 대한 시상 등 저출산 극복을 위한 출산 장려 인센티브제를 실시하고 있습니다.

위기를 뜻하는 히브리어 '마쉬베르'가 있습니다. 이 단어는 출산용 의자, 즉 고대에 산모가 출산 시 앉았던 의자를 가리킵니다. 생명을 탄생시키는 창조의 순간은 위기입니다. 새로운 생명은 산모나 아기에게는 위기이지만 이 위기는 곧 새 생명이라는 기쁨으로 변합니다. 그러나 이제는 이 의자에 앉지 않으려고 하는 것 자체가 위기가 되었습니다.

저출산은 국가적 위기일 뿐만 아니라 교회적 위기로 이어질 것입니다. 지금의 출산 장려 정책만으로는 이 위기를 극복해 나가기 어려울 것 같습니다. 그러나 이것은 가정과 출산에 대한 성경적 의미를 신앙적 차원으로 수용하고 인정할 때 가능하리라고 봅니다. "생육하고 번성하라."는 하나님의 말씀을 실천하는 가정이 될 때에 출산의 위기는 기쁨으로 변할 것입니다. "여자들이 해산함으로 구원을 얻으리라."는 말씀을 여성에게 주신 하나님의 복음으로 수용할 때 출산의 고통은 은총이 될 것입니다. 전도한 사람에게 시상하듯, 성경을 암송한 사람에게 시상하듯, 이러한 성경의 가르침을 잘 실천한 사람에게 출산 장려금이나 자녀 양육비를 시상해야 할 때가 되었다고 봅니다.

타지마할

외경에는 「도마의 복음」이란 책이 있습니다. 이 책에 의하면 도마는 예수님이 승천하신 다음에 인도로 갔다고 합니다. 예수님께서는 도마에게 인도로 가라고 했지만 그는 마음에 썩 내켜 하지 않았습니다. "주님, 나는 히브리 사람인데 어떻게 인도 사람에게 복음을 전하겠습니까?" 그러나 예수님은 그에게 강권적으로 인도로 가라고 하십니다. 그때 목수를 구하던 인도의 상인 압바네스가 예루살렘을 방문하게 되었습니다. 예수님은 도마가 이 인도 상인의 노예로 팔려 인도에 가게 하셨고, 도마는 왕궁을 건축하는 책임을 맡게 되었습니다. 당시의 왕인 군다포로스는 도마에게 많은 돈과 사람을 주어 왕궁을 짓게 하였습니다. 그런데 도마는 그 돈을 가지고 왕궁을 짓지 않고 가난한 사람들에게 나누어 주어 하늘나라에 영적인 왕궁을 짓기로 하였습니다. 시간이 지난 후 왕은 도마에게 왕궁을 보여 달라고 하였습니다. 그때 도마는 "폐하, 지금은 왕궁을 볼 수 없습니다. 폐하께서 세상을 떠나시면 그 왕궁을 볼 수 있습니다."라고 하였습니다. 왕은 노하여 도마를 옥에 가두었습니다. 그러나 얼마 후 도마는 기적적으로 풀려나게 되었고, 왕도 예수를 믿게 되었다고 합니다.

이 이야기를 읽으며 인도의 대표적 건축물을 떠올려 보았습니다.

그것이 무엇이냐고 물으면 누구나 타지마할이라고 대답할 것입니다. 인도의 북부 아그라에 있는 타지마할은 세계에서 손꼽히는 아름다운 건축물입니다. 이 타지마할은 무굴 제국의 황제 샤 자한이 왕비인 뭄타즈 마할을 위해 조성한 회교식 무덤입니다. 타지마할을 이루고 있는 하얀 대리석은 각도에 따라 느낌이 다릅니다. 아침에 해가 떠오를 때, 한낮에, 그리고 석양이 드리울 때 대리석의 빛깔이 달라집니다. 달빛 아래에서는 또 다른 색감을 드러냅니다. 세계 7대 불가사의 중의 하나인 타지마할은 이란의 쉬라즈 출신의 우스타드 이샤가 설계한 것입니다. 설계대로 공사하기 위하여 이탈리아, 프랑스, 터키 등에서 동원된 장인들을 비롯한 2만여 명이 공사에 참여하였습니다. 1631년에 건축을 시작하여 22년 만인 1653년에 완공된 타지마할은 정면 마당에 수로가 있는 전형적인 무굴 양식으로, 좌우로는 회교사원과 회당을 둔 구조로 되어 있습니다. 누구나 타지마할을 보면 감탄하지 않을 수 없는 이슬람 문화입니다. 그러나 지금 타지마할은 지반이 약하여 약간씩 기울어지고 있다고 합니다.

   타지마할을 보며 도마의 복음에 나온 사건을 되새겨 봅니다. 참 지혜는 반석 위에 집을 짓는 것입니다. 이 세상에 사사로운 목적으로 집을 짓는 자가 아니라 하늘에 신령한 왕궁을 건설하여 하늘에 새 이름을 남기는 자가 지혜로운 자입니다. 하늘에 있는 우리 아버지의 집이 가장 아름다운 궁전인 것을 기억합시다.

미국 판 말아톤

　이전에 한 신문에서는 자폐증을 갖고 있는 한 학생의 승리를 기사화하였습니다. 정규선수도 아니고, 단신이며, 자폐증세가 있는 고등학교 졸업반 학생, 제이슨 맥얼웨인의 놀라운 기적 이야기입니다. 자폐증세가 있는 맥얼웨인은 신장이 168센티미터에 불과했습니다. 그는 농구를 좋아하여 팀을 따라다니는 도우미, 소위 '주전자 당번'이었습니다. 학교는 맥얼웨인에게 용기를 주고자 매니저라는 직책을 부여했습니다.

　맥얼웨인은 물주전자나 들고 다니며 선수들 곁을 기웃거리고, 곁눈질로 농구를 배웠지만 남몰래 슛 연습을 하였습니다. 이렇게 농구를 사랑하는 맥얼웨인에게 팀 감독인 짐 존슨은 정규리그 최종전에서 팀이 앞서고 있던 종료 4분 전, 처음이자 마지막 출전 기회를 주었습니다. 그런데 놀라운 일이 벌어졌습니다. 맥얼웨인이 4분 동안 정상급 선수들도 하기 힘든 3점 슛 6개를 포함하여 20점을 기록한 것입니다. 이 기적 같은 이야기는 미국 전역에 감동의 물결로 퍼져 나갔습니다.

　이런 맥얼웨인의 인간 승리의 드라마는 우리나라 영화 "말아톤"의 주인공 배형진 군과 수영의 말아톤이라 불리는 김진호 군을 생각나게 합니다. 자폐증이 있는 배형진 군은 철인 같은 투지로 춘천마라톤에서 풀코스를 2시간 57분 7초로 완주하는 기록을 세웠고, 철인삼종경기는 15시간 6분 32초 만에 성공했습니다. 자폐증이 있는 김진호 군은 수영선수로서, 2005년 세계장애인수영선수권대회에 참가하여 배영 200미터에서 금메달, 100미터 동메달, 자유형 200미터 은메달을 획득하여 그 이름을 세상에 알렸습니다.

자폐증이란 현실 외계를 단지 환자의 원망, 콤플렉스 또는 환각, 망상 등에 적합한 형태로만 존재하는 것으로 받아들이고, 이것에 역행하는 현실에 대해서는 마치 존재하지 않는 것처럼 행동하는 정신상태를 가리키는 것입니다. 현실에서 멀어지고 자기의 내면세계에 틀어박히는 정신질환을 말합니다. 하지만 이들에게도 그들만이 가진 특별한 능력이 있습니다.

우리 모두는 다른 사람들이 눈치채지 못할 정도의 정신적 약점을 가지고 있습니다. 이런 자신의 약점을 드러내지 않고 살아갑니다. 그 약점을 자신은 알고 있습니다. 자폐증을 가진 사람과 건강해 보이는 우리와의 차이는 그리 크지 않을 것입니다. 자폐증을 가진 이들에 대한 정상인의 자세가 달라져야 합니다. 누가 진정한 의미에서의 정상인인지는 두고 봐야 할 것입니다. 미국 판 말아톤은 자신의 정신적 폐쇄성에 관해 돌아보게 하고, 자폐증 환자에 대한 우리의 태도가 달라져야 할 때임을 경각시켜 줍니다.

고통도 알고 보면 은총인 것을

고센은 요셉이 이집트의 총리가 된 소식을 듣고 아버지 야곱과 그의 식구들 70명이 이주하여 터를 닦은 그들의 땅입니다. "가나안 땅에 기근이 심하여 종들의 양떼를 칠 곳이 없기로 종들이 이곳에 거류하고자 왔사오니 원하건대 종들로 고센 땅에 살게 하소서"(창 47 : 4). 야곱의 아들들은 바로 앞에서 그들이 살 땅을 구하였고, 바로는 나라를 구한 일등공신 요셉의 식구들에게 고센에 살 것을 허락하였습니다.

이집트는 전 국토의 95%가 사막인 모래땅입니다. 카이로 근교 기자지구의 피라미드는 쿠푸왕이 기원전 2,700년경에 건조한 피라미드입니다. 이곳은 사하라 사막이 시작되는 곳이기도 합니다. 사하라를 비롯하여 알렉산드리아 사막 등 이집트는 끝없이 펼쳐진 모래밭에 세워진 나라입니다. 이런 사막의 나라, 나일강 하류의 삼각주 지역이 고센이라는 비옥한 땅입니다.

모래흙이 아니라 검은 빛을 띠고 있는 비옥한 흙이 고센을 풍요의 땅으로 만들고 있습니다. 고대 이집트의 이름은 '검다'라는 뜻을 가지고 있는 '케메트'(Kemet)입니다. 그들은 많은 부분을 차지하는 누런 모래땅이 아니라 작은 부분의 검은 옥토를 자신의 나라라고 합니다. 이집트인에게 진정한 국토의 의미는 95%의 모래가 아니라 5%의 검은 땅 곧 고센입니다.

　이런 풍요의 땅 고센은 가뭄과 홍수가 만들어 낸 또 하나의 기적입니다. 고센은 지하 170미터 이상을 파도 암반이 전혀 없는 천혜의 비옥한 땅입니다. 6월과 7월, 아프리카의 우기를 맞이하면 상류의 엄청난 양의 물이 나일강을 따라서 하류로 내려옵니다. 9월경이 되어 불어난 물은 나일강을 범람하게 하고 범람한 물은 나일강 주변의 땅들을 비옥하고 푸르게 만드는 것입니다. 평소에는 60~70미터인 나일강의 폭이 홍수 때는 20킬로미터로 늘어나게 되고, 물과 함께 떠내려온 나뭇잎들과 짐승의 배설물은 천연의 비료로 땅을 검고 비옥하게 만들어 가는 것입니다. 이렇게 나일강의 홍수는 하류의 삼각주를 비옥하게 만들고 이집트를 풍요한 농업국으로 만들어 줍니다. 끝없는 사막이 펼쳐지고, 뜨거운 태양열이 쉴 새 없이 내리쬐는 모래의 땅에 이런 푸르고 비옥한 고센이 있는 것은 연례적으로 닥치는 홍수 덕분입니다.

　태풍이 바다의 풍요를 만들고 홍수가 땅을 비옥하게 만듭니다. 홍수는 지금도 나일강의 삼각주 고센을 풍요의 땅으로 만들어 모래의 나라를 검은 나라로 만들고, 이집트를 농업국으로 태어나게 하며, 쌀을 주식으로 하여 수출하는 나라로 만들고 있는 것입니다.

　미련한 인간은 더디 압니다. 고통도 알고 보면 은총인 것을. 병이 인간을 튼튼하게 하고, 시험이 인간을 강하게 만듭니다. 살을 에는 듯한 추위가 인내를 만들고 가난이 풍요를 만듭니다.

젊은이의 투자

어부가 직업인 한 크리스천 젊은이가 있었습니다. 불행하게도 그의 할아버지와 아버지가 바다에서 고기잡이를 하다가 풍랑에 휩싸여 연달아 세상을 떠났습니다. 장례식을 마친 젊은이는 다시 바다로 고기잡이를 나가려고 했습니다. 그러자 친구들이 강력히 말렸습니다. 젊은이는 조용히 한 친구에게 질문했습니다.

"너의 할아버지는 어디서 돌아가셨니?" 친구가 대답했습니다. "침대에서 돌아가셨어." "그러면 너의 아버지는?" "역시 침대에서 돌아가셨지." 그러자 젊은이가 말했습니다. "그러면 너는 침대가 무섭다고 다시는 침대에서 자지 않니? 우리 크리스천들은 운명을 믿지 않아. 나는 다시 내 사명지인 바다로 갈 거야. 그곳에서 사랑을 노래하다가 언젠가는 나도 바다에서 죽게 되겠지."

젊음이 믿음을 만나면 더욱 아름다워지는 법입니다.

젊을 때는 많이 배워야 합니다. 지식은 물과 같아서 흘러가고, 발전하고 진보합니다. 그러므로 어제의 지식에 머물러 있으면 상대적으로 낙후하게 되는 것입니다. 배우지 않는 사람은 결국 빨리 늙어 버립니다. 그리고 나이가 들어도 계속해서 배워야 합니다. 배움을 통해 젊음을 유지할 수 있습니다. 청춘이란 나이로 따지는 것이 아니며 태도의 문제입니다.

  젊었을 때 일에 대한 끊임없는 도전을 시도해야 합니다. 도전해 보고 실패하는 것은 부끄러운 일이 아닙니다. 오히려 도전해 보려고도 하지 않는 것이 부끄러운 일입니다. 어떤 일이든 부끄러워하지 않는 사람은 나이와 상관없이 젊은이라고 말할 수 있습니다. 도전하지 않고 똑같은 일에만 맴도는 것은 젊은이의 태도라 할 수 없습니다.

  아이슬란드 격언에는 이런 말이 있습니다. "일할 시간을 내라. 그것은 성공을 위해 치러야 하는 대가이다. 놀 시간을 내라. 그것은 젊음의 비밀이다." 일도 잘하고 잘 노는 사람이 젊은이입니다. 우리 문화는 젊어 보이는 것을 소중히 여기고 많은 투자를 합니다. 젊은이는 젊음에 투자할 필요가 없지만 공부와 일에 투자할 가치는 충분히 있습니다.

손이 따뜻한 사람

　손이 차가운 사람이 마음은 따뜻하다는 속설이 있습니다. 미국 예일대학교 연구진은 실험을 통하여 손이 따뜻하면 마음도 따뜻해진다는 사실을 밝혔습니다. 따뜻한 것을 만지고 나면 다른 사람에 대한 마음 자세도 너그러워진다는 것입니다. 손에 뜨거운 커피를 든 사람들이 차가운 커피를 든 사람들보다 너그럽고 사교적이며 부드럽다고 합니다. 또한 뜨거운 패드를 손에 든 사람들이 차가운 패드를 든 사람들보다 친구를 위해 배려해 주는 경우가 더 많았다고 합니다.

　이를 통해 우리는 우리 주변에서 일어나는 아주 작은 자극이 행동과 감정에 큰 영향을 줄 수 있음을 알 수 있습니다. 손에 작은 물건을 쥐는 것도 감정에 영향을 주며, 옷을 입는 것도 행동에 영향을 주는 것입니다. 따뜻한 물을 마실 때와 차가운 물을 마실 때에 감정의 표현이 달라질 수 있으며 겨울에 장갑을 낄 때와 끼지 않을 때에 감정이입이 달라질 수 있습니다. 이 연구의 책임자는 상점들이 고객에게 제공하는 무료 시식 샘플을 따뜻한 것으로 준비하면 더 많은 고객을 모을 수 있을 것이라고 했습니다.

　인간의 손은 인간의 사고와 결코 무관하지 않습니다. 손이 쉴 새 없이 움직이는 것은 생각이 움직이고 있다는 증거입니다. 손의 숙련은 두뇌에 달려 있습니다. 따라서 솜씨와 손재주가 비롯되는 곳도 바로 이 두뇌입니다. 그래서 손을 두뇌의 거울이라고도 합니다. 머리와 손은 항상 짝을 이루어 일합니다. 손이 쉬고 있을 때는 머리도 쉬고 있으며, 마음이 활발하면 손도 활발하게 움직입니다. 손은 마음의 대행자입니다.

손의 힘은 대단합니다. 손을 잘 관리하지 않고 내버려 두면 얼마 후엔 쉽사리 무기로 변해 있습니다. 내가 얻기 위해 남을 할퀴고, 내가 살기 위해 남의 목을 죄고, 내가 가지기 위해 주먹을 쥡니다. 그러나 손을 잘 다스리면 복의 도구가 됩니다. 남에게 주기 위해 손을 벌리고, 남에게 베풀고 보호하기 위해 내 손을 펴기도 합니다.

따뜻한 손은 베푸는 손입니다. 베드로의 따뜻한 손은 자신이 잡은 고기로 두 배를 채웠습니다. 삭개오의 따뜻한 손은 자신의 재산을 나누고 빼앗은 것을 갚아 자신을 비웠습니다. 옥합을 깨트린 여인의 따뜻한 손은 값진 향유를 부어 예수님의 죽음을 준비하고 자신의 구원을 보장받았습니다. 따뜻한 손은 따뜻한 마음을 만듭니다. 지금 온 세계가 필요로 하는 것은 쥔 손이 아니라 편 손입니다. 차가운 손이 아니라 따뜻한 손입니다.

정열 **환희** 분별 성장 활기 하나 됨 생기

제2장
환 희

joy

'환희'가 가진 색은 주황입니다.

주황은 사교적, 열성적, 쾌활함을 의미하며
환희의 벅참이 있습니다.

… #환희

**매우 기뻐함,
또는 큰 기쁨**

사람은 누구나 현재 가진 것이 있고, 또한 갖지 못한 것이 있습니다. 인생에서 현재 자신에게 없는 것을 구하려는 노력은 매우 소중합니다. 그러나 이보다 더 중요한 것은 내게 있는 것에 만족하는 일입니다. 우리는 내게 있는 것만으로도 얼마든지 행복할 수 있습니다.

참 아름다움

하나님께서는 우리 모두가 즐길 수 있는 아름다움을 만드셨습니다. 아름다움에 대해서는 누구나 반응합니다. 아름다운 사람을 보면 혈압이 상승하고 뇌리에 오래 각인된다고 합니다. C. S. 루이스는 자신의 시 "고백"에서 이런 현상을 '일상적인 반응'이라고 하였습니다. 하나님이 만드신 아름다움은 우리 영혼의 양식과 같이 작용하여 영혼을 풍요하게 채웁니다. 왜냐하면 하나님이 아름다움의 근원이시기 때문입니다. 사상가인 에머슨은 아름다움은 하나님의 필적(handwriting)이라고 하였습니다.

우리는 아름다움을 바라보고 즐거워합니다. 아름다운 것을 바라보면서 마음의 평화를 얻습니다. 아름다운 것을 바라보면서 그 아름다움에 동화되고 연합됩니다. 그 아름다움을 우리 안에 받아들입니다. 이런 아름다움의 힘은 아름다움을 가까이하는 자가 아름다움의 일부가 되게 합니다. 누구나 아름다움을 원하며 아름다움을 가까이하는 자는 아름다운 자가 되는 것입니다.

그리스 로마 신화에 아름다움과 관련된 이야기가 있습니다. 자신만큼 아름다움을 간직한 무엇인가를 지상에도 만들 수 있다고 생각한 비너스는 아름다운 장미를 만들었습니다. 그의 아들인 사랑의 신 큐피드는 그 아름다운 장미꽃을 보고 너무나 사랑스러워 입맞춤을 하려고 입술을 내밀었습니다. 그러자 꽃 속에 있던 벌이 깜짝 놀라 침으로 큐피드의 입술을 콕 쏘아 버렸습니다. 이것을 지켜보고 있던 비너스는 큐피드가 안쓰러웠고, 이내 많은 벌들을 잡아서 그 침들을 장미 줄기에 붙여 버렸습니다. 하지만 그 후에도 여전히 큐피드는 가시에 찔리는 아픔과 상처를 이겨 내면서 장미꽃을 사랑했습니다.

이렇게 사람들은 외형의 아름다움을 보고 아름답다고 표현합니다. 그리고 외형을 아름답게 꾸미고 고칩니다. 그러나 진정한 아름다움은 외형의 아름다움이 아니라 내면의 아름다움입니다. 내면이 아름다워야 진정한 아름다움이라 할 수 있습니다. "당신의 불완전한 점들이 당신을 아름답게 한다."라는 말이 있듯이 아름다운 것은 완벽한 것과는 별개입니다.

아인슈타인은 꾸밈없는 아름다움을 지니고 있었습니다. 그는 항상 헝클어진 머리에 주름이 없는 바지를 입고 다녔습니다. 주위 사람들이 그에게 귀한 손님과 저녁식사를 할 때 깔끔하게 차려 입으라고 하면 "왜 그래야 하지? 편하게 입고 있어도 다들 나를 알아보는데!"라고 답하였습니다. 루즈벨트 대통령이 백악관에 자신을 초대했을 때에도 그는 양말조차 신지 않고 갔습니다. 그를 기억하게 하는 것은 그의 외모가 아니라 상대성이론입니다. 이와 같이 내면이 아름다운 사람은 외모의 아름다움에 치중하지 않고 외모로 평가받지도 않습니다. 내면의 아름다움은 그리스도의 마음입니다.

삶과 사랑

화가 귀스타브 도레의 일화 가운데 이런 이야기가 있습니다. 그의 학생 중 하나가 예수님을 그린 그림을 완성하여 평가를 받고자 제출하였습니다. 도레는 적절한 평가의 말을 생각하며 그림을 유심히 살펴보았습니다. 이윽고 그는 학생에게 그림을 돌려주며 이렇게 말했습니다. "자네가 그분을 더 사랑한다면 더 좋은 그림이 나왔을 것이네." 사랑은 아름다움을 만듭니다. 사랑하면 아름다운 작품을 창조할 수 있습니다.

사랑이 없는 삶은 상상할 수 없습니다. 사람들은 누군가를 사랑하며 살고 있으며 누군가에게 사랑을 받으며 살고 있습니다. 사람이 누군가를 사랑한다면 그 사람이 죽는다고 해도 그 사랑이 떠나지 않습니다. 사랑은 죽는 것이 아니라 사는 것입니다.

사랑은 엄청난 삶의 힘입니다. 어느 책에 있는 이야기입니다. 네덜란드 로테르담에 살고 있는 78세 된 알레이드 휘센이란 여인은 50년간 담배를 피웠습니다. 담배를 끊으려고 애썼지만 허사였습니다. 그런데 79세의 레오 젠센이 그녀에게 청혼을 하였습니다. 하지만 그녀가 담배를 끊을 때까지 결혼식을 유보하겠다고 하였습니다. 이 말을 들은 이 여인은 담배를 끊었습니다. "내 의지로 담배를 끊는 것은 불가능해 보였다. 그러나 사랑이 담배를 끊을 수 있는 기적을 낳았다."고 그녀는 말했습니다. 사랑은 새로운 삶을 창조합니다.

삶은 사랑이기에 우리가 사랑하는 것이 무엇인가에 따라 우리가 어떤 사람인가를 알 수 있습니다. 사람은 자신이 사랑하는 것을 감출 수 없습니다. 그의 삶에 사랑이 배어 있기 때문입니다. 삶이 사랑이 아니라면 삶은 메말라 버릴 것입니다. 그런데 사랑은 마르지 않습니다. 사랑은 모든 것을 움직이는 에너지의 원천이 되어 아무리 사용해도 마르지 않는 것입니다. 마르지 않기에 끝없이 사랑할 수 있습니다.

프랑스의 행동하는 영성가인 피에르 신부의 "왜 우리가 이 땅에 태어나는 걸까요?"라는 질문에 나는 그저 이렇게 대답합니다. "사랑하는 법을 배우기 위해서이지요." 세상에 있는 동안 아무리 애써도 사랑하는 법을 다 배우지는 못할 것입니다. 그래서 삶을 통하여 사랑을 배우기에 힘써야 합니다.

'사랑하다'라는 말과 '살다'라는 말은 같은 동사에서 유래되었습니다. 사는 것이 곧 사랑하는 것이며 사랑하는 것이 곧 사는 것입니다. 사랑이 없는 삶은 참 삶이 아닌 것입니다. 엄밀하게 살펴보면 사랑하지 않고 사는 사람은 아무도 없습니다. 영어에서도 'live'와 'love'는 철자 하나의 차이입니다. 사랑의 삶은 그리스도에게서 배우는 삶입니다.

그리스도인의 얼굴

얼굴이란 머리의 앞쪽을 일컫습니다. 척추동물의 경우는 입과 턱뿐만 아니라 시각과 후각을 담당하는 감각기관이 이곳에 있습니다. 얼굴이란 말의 어원은 분명하지 않습니다. 그러나 인간의 '얼' 과 관계가 있는 것은 틀림없습니다. 그래서 얼굴은 얼, 바로 정신적인 것, 그리고 꼴이며, 바로 정신적 모양새를 뜻한다고 합니다. 어떤 이는 얼굴을 얼이 들어가는 굴이라고 합니다. 그래서 얼굴의 눈, 코, 입, 귀가 다 굴이라고 합니다.

얼굴은 인간의 모든 감정과 표정을 드러냅니다. 기쁠 때나 화가 났을 때 얼굴을 통해 알 수 있습니다. 얼굴은 감정뿐만 아니라 인간의 온갖 이성적 면도 나타냅니다. 눈은 마음의 창이라고 하지만 표정은 그 이상입니다. 얼굴은 인간의 내면을 그대로 표현하고 있는 것입니다.

미국의 소설가 너새니얼 호손이 쓴 「큰 바위 얼굴」은 미국의 어느 마을에 얽힌 전설을 소설화한 것입니다. 남북전쟁 직후, 어니스트라는 소년은 어머니로부터 바위 언덕에 새겨진 큰 바위 얼굴을 닮은 아이가 태어나 훌륭한 인물이 될 것이라는 전설을 듣고, 큰 바위 얼굴을 그리며 살아갑니다. 사람의 얼굴은 사람이 사는 비결입니다. 얼굴은 그 사람의 인격이고 성품이며, 자세입니다.

　미국의 16대 대통령이었던 에이브러햄 링컨이 대통령으로 있을 때 그의 친구가 그에게 어떤 사람을 소개했습니다. "이 사람은 재주가 비상하니 한 번 일을 시켜 보게." 그러나 링컨은 그 사람을 쓰지 않고 돌려보냈습니다. 그 후 친구가 찾아가 왜 그 사람을 쓰지 않았느냐고 물었습니다. 링컨은 "사람은 40세가 되면 자기 얼굴에 책임을 져야 한다."는 유명한 말로 이유를 설명했습니다. 얼굴의 표정은 그 사람의 마음을 나타냅니다. 아무리 어려워도 희망을 잃지 않고 웃는 얼굴로 살아가면 행복이 찾아올 것입니다.

　미국의 고전으로 알려진 존 스타인백의 「분노의 포도」란 작품이 있습니다. 오클라호마 한 농가의 가족들이 멀리서 폭풍이 먼지를 일으키며 휘몰아치는 광경을 바라보며 집 앞에 서 있습니다. 어른들은 멀리 지평선을 내다보며 그 재앙이 그들을 피해 다른 곳으로 가 주기를 말없이 기도하고 있습니다. 아이들 역시 부모들의 다리를 붙잡고 지평선을 바라보고 있습니다. 그러나 여자들은 남자들의 얼굴만 바라보았습니다. 여자들에게 중요한 것은 모두 거기 쓰여 있었기 때문입니다.

　우리 얼굴의 표정이 다른 사람의 감정을 좌우합니다. 우리의 얼굴이 시대를 이야기합니다. 그리스도인의 얼굴은 이 시대, 하나님의 말씀이어야 합니다.

관용

미국 예일대 법대 교수인 에이미 추아의 「제국의 미래」라는 책이 있습니다. 그녀는 이 책에서 인종과 종교를 따지지 않고 인재를 끌어들여 활용할 줄 아는 능력이 초강대국을 만드는 비결이라고 하면서, 현대 사회의 미국과 800년 전의 몽골을 대비하고 있습니다. 유목민이었던 몽골인들은 거의 대부분이 문맹이었고, 말 타는 재주 외에는 뚜렷한 기능도 없는 사람들이었습니다. 하지만 그들은 기술과 지식을 가진 중국인들을 적극적으로 포용하고 활용하여 역사상 가장 방대한 국토를 가진 거대한 초강대국을 형성할 수 있었다는 것입니다. 현재의 미국도 세계 각국의 유능한 인재를 포용하고 활용하는 것이 경제력과 군사력을 보유한 초강대국으로서의 요건이라고 설명하고 있습니다.

그녀는 이 책에서 역사상 초강대국이 가지고 있던 중요한 핵심 공통점을 '관용'이라고 하였습니다. 세계를 제패하기 위하여 필요한 중요 요소는 세계 일류 인재를 포용하여 그들의 충성심과 동기를 유발해야 하는데, 그 방편이 바로 관용이라는 것입니다. 그녀가 말하는 관용이란 이질적인 사람들이 그 사회에서 생활하고 일하고 번영할 수 있도록 허용하는 것을 의미합니다.

아르헨티나의 로베르토 드 빈센조란 골프 선수의 이야기입니다. 그가 어느 유명한 경기에서 우승하여 상금을 받아든 순간, 탈의실에 어떤 여자가 찾아와 자신의 병든 아기가 죽어 가고 있지만 병원에 갈 돈이 없다며 도움을 요청하였습니다. 그는 자신의 상금으로 받은 돈을 그 자리에서 서명하여 그녀에게 주었습니다. 다음 주 클럽에 PGA 담당 직원이 와서 그를 사기꾼의 희생자라고 하였습니다. 그 여자는 결혼도 하지 않았고, 아기도 없다고 하였습니다. 빈센조는 "그럼 병든 아기가 없었다는 말입니까?" 하고 물었습니다. "그렇습니다." "정말 다행이군요. 내가 올 한 해 동안 들었던 것 중 최고의 소식입니다." 이와 같이 관용의 사람은 언제나 넉넉합니다.

관용은 사랑과 용서, 이해와 인내, 자비와 온유, 이 모든 것들을 모두 모아 놓은 성령의 열매입니다. 우리나라도 이제 다민족 사회가 되었습니다. 2012년에 이루어진 결혼 약 32만 건 중에 국제결혼이 약 2만 건 정도라고 합니다. 교육부에서는 국제결혼이 계속 증가하여 2020년에는 국내 청소년의 20%를 혼혈 학생들이 차지할 것이라고 전망하기도 했습니다. 관용으로 여러 민족을 함께 껴안고 미래를 향해 나아가야 강대국의 자격이 있습니다. 관용은 진정한 신앙인의 성품입니다.

교회의 이중성

윌리엄 템플은 교회는 "자신의 일원이 아닌 사람들의 유익을 위해 존재하는 세상에서 유일한 공동체"라고 말했습니다. 교회는 세상에 덕을 끼쳐야 하는 하나님의 백성입니다. 교회는 어두운 세상을 환하게 비춰야 하는 세상의 빛이며 세상의 부패를 방지하는 소금입니다.

그러나 교회가 이런 모습을 상실하여 세상의 빛도 소금도 되지 못하고 있는 것은 안타까운 일입니다. 교회는 하나님이 이 세상에 직접 세우신 하나님의 기관인 동시에 사람들이 모여 있어 인간적인 요소를 가지고 있기 때문입니다. 이런 교회의 이중성은 교회의 불완전한 모습을 드러냅니다. 이 세상에 있는 어떤 교회든 완전한 교회는 없음을 또한 알려 줍니다.

빌리 그레이엄 목사는 이렇게 말했습니다. "어떻게 하든 완벽한 교회를 찾아보고, 그런 교회를 발견하면 거기 다니시오. 하지만 기억하시오. 당신이 그 교회에 들어가는 순간 그 교회는 더 이상 완벽하지 않게 됩니다." 교회가 불완전한 것이 아니라 사람이 불완전하기 때문에 교회의 불완전성은 피할 수 없습니다. 교회에는 항상 신비와 혼란이라는 두 부분이 공존하고 있습니다.

영국의 복음주의 목회자인 존 스토트는 교회의 이중성에 관해 의미 있는 지적을 하고 있습니다. 첫째, 교회는 이미 거룩하며 아직 거룩하지 않습니다. 교회는 이미 거룩해졌으며 거룩해지라고 부르심을 받습니다. 둘째, 교회는 완전하지만 그럼에도 불구하고 불완전하여 그리스도의 오심을 간절히 기다립니다. 셋째, 교회는 하나이지만 그럼에도 불구하고 여전히 나뉘어 있습니다.

교회는 성화되었으나 여전히 죄성을 가지고 있으며 거룩하라고 부르심을 받습니다. 교회는 완전하게 되었으나 여전히 불완전하며 그리스도께서 다시 오실 것을 기다립니다. 교회는 하나이나 여전히 불필요하게 분열되어 있으며 인물 숭배를 포기하라고 부르심을 받고 있습니다. 이렇게 우리는 '이미'와 '아직' 사이의 고통스러운 긴장 속에서 살고 있습니다.

이러한 이중성은 우리의 존재 때문입니다. 우리는 이미 구원받았지만 아직 구원받지 못하였습니다. 완전한 구원은 죽음을 통하여 영원한 삶으로 들어가게 될 때 이루어지는 것입니다. 그때까지는 여전히 불완전한 구원 속에서 세상의 죄와 고통에서 면제되지 못한 '아직'의 삶을 살고 있을 것입니다.

하지만 이렇게 불완전한 우리 자신이나 교회임에도 불구하고 사랑해야 합니다. 사막의 수도사인 카를로 카레토는 말합니다. "오, 나의 교회여 나는 그대를 비판할 말이 너무 많다오. 그러나 나는 그대를 사랑한다오."

우리의 불완전한 점들이 우리를 아름답게 합니다.

교회를 떠나는 교인

캐나다의 종교사회학자인 레지널드 비비는 사람들이 교회를 떠나는 것이 아니라 단지 교회에 출석하지 않고 있을 뿐이라고 하였습니다. 현대 그리스도인의 한 경향은 교회를 떠나지는 않지만 교회에 출석하지 않는 것입니다. 그리스도인의 가장 기본이 되는 교회 출석에까지 인색해지는 것입니다. 약간 다른 의미이지만 로널드 롤하이저는 "현대인은 교회에 관해서는 휴가 중이다. 하나님 나라는 원하지만 교회는 원하지 않는다."고 하였습니다. 이 두 사람의 말은 실제적으로는 같은 뜻을 표현하고자 한 것입니다.

현대는 양극화 시대입니다. 경제적으로 많이 가진 자는 더 많이 갖게 되고, 적게 가진 자는 더 적게 가지게 됩니다. 지식적으로도 많은 지식을 가진 자는 더 많은 지식을 가지게 되고, 지식이 없는 자는 지식 없이 살아갑니다. 영적인 경우도 예외가 없습니다. 영적인 사람들은 더 깊은 영성을 추구하게 되고, 비영성적인 사람들은 영성을 상실한 채로 살아가게 되는 것입니다. 이런 영성적 양극화 현상의 결과는 명목상의 그리스도인이 양산된다는 것입니다. 이름만 그리스도인이지 실제로는 그리스도인의 내면을 전혀 갖추지 못한 사람들입니다.

게리 채프먼은 이런 그리스도인들을 문화적 그리스도인이라고 합니다. 그들은 기독교 가정에서 자랐기 때문에 자신들을 스스로 그리스도인이라 여깁니다. 이러한 문화적 그리스도인들은 문화적 불교 신자나 힌두교도, 유대인, 무슬림과 다를 바가 없습니다. 그들은 부모의 종교를 그대로 따릅니다. 그저 자신들에게 편리한 종교를 따르는 것일 뿐입니다. 초월적인 것에 대한 갈망이 자신들에게 있음을 인정하고 자신들의 종교를 영적 갈증을 해소하는 도구로 삼기도 합니다. 그러나 그 갈증은 결코 해소되지 않습니다.

이런 시대적인 변화가 그리스도인들로 하여금 그리스도인이란 이름만 가지게 하고, 기독교를 문화적으로만 소유하게 하여, 교회에 출석하지 않는 교회 밖의 그리스도인을 만들고 있습니다. 원래 교회란 말의 어원인 '에클레시아'는 '밖으로 불러내다'라는 뜻을 가지고 있습니다. 그런데 이런 환경적인 변화는 '밖으로 쫓아내는' 교회가 되게 하고 있습니다.

최근 어떤 보고 자료에 의하면 상처 받고, 환멸을 느껴 교회를 떠난 대부분의 사람들은 여전히 그리스도인으로 남아 영적 성장을 계속하고 싶어 한다고 합니다. 여기에 포기하지 않는 하나님의 사랑이 있고, 복음의 끈질김이 있고, 교회의 희망이 있습니다. 시대적 환경이 돌변하고, 교회가 가진 비판의 여지가 남아 있다고 하더라도 교회를 사랑할 수 있는 틈새는 여전히 있습니다.

이제 교회를 떠난 교인들에게 다시 틈새를 통해 복음의 햇살을 비추어 주는 또 다른 역할에 눈을 크게 떠야 할 때입니다.

주기도문이 절실한 시대

인간 사회에는 언제나 두 개의 계급만이 존재해 왔다고 합니다. 식욕보다 먹을 것이 넘치는 계급과 먹을 것보다 식욕이 넘치는 계급입니다. 계급 해소 방안으로는 식욕만큼 먹을 것이 제공되어야 한다는 이론과 자신이 가진 먹을 것만큼만 식욕을 느껴야 한다는 이론이 대립하고 있습니다. 그러나 인간의 욕심이 세상을 지배하는 한, 굶주림의 문제는 끝이 없을 것입니다.

우리가 사는 지구는 120억의 인구가 살기에 충분한 자원을 가지고 있다고 합니다. 120억의 인구가 집을 짓고 살기에 충분한 땅과 120억의 인구가 먹고살 양식을 수확할 수 있는 환경을 가지고 있다고 합니다. 그러나 인간의 욕심은 가진 자는 더 가지게 하고 갖지 못한 자는 더 갖지 못하게 하여 양극을 형성하고, 기근이 인류의 문제로 대두되고 있습니다.

지금 세계인의 절반은 굶주리고 있습니다. 절대빈곤자가 세계 인구의 20%를 넘습니다. 이런 지구적 재앙에도 불구하고 반대쪽에서는 너무 먹어서 문제입니다. 미국인들은 해마다 다이어트에 돈을 얼마나 쓸까요? 헬스클럽을 다니는 데 사용되는 비용이 120억 달러입니다. 개인용 운동기구를 사는 데 60억 달러의 비용이 듭니다. 체중 감량 센터에 내는 비용이 8억 달러입니다. 건강 다이어트 서적 4억 권을 사는 데 드는 비용이 4,400만 달러입니다. 미국이 한 해에 사용하는 다이어트 비용은 총 200억 달러입니다. 이 돈은 전 세계 최빈국들의 기근 문제를 해결할 수 있는 액수입니다.

세계적인 식량 위기가 다가오고 있습니다. 유엔식량농업기구(FAO)의 통계에 의하면 전 세계 인구 중 8억 5,000만 명이 굶주리고 있습니다. 세계적으로 보면 곡물생산은 18억 2,690만 톤에 불과한 반면 소비는 19억 3,210만 톤입니다. 생산이 소비에 비해 1억 톤이나 부족하여 머지않아 세계적인 식량 위기가 발생할 수 있습니다. 이런 식량 부족의 재앙도 인간의 욕심이 자초한 것입니다.

아프리카에서는 군벌의 다툼으로 기근이 발생합니다. 구호단체 화물선이 정박할 항구는 폐쇄되고 통행세를 요구하는 무장 세력으로 득실댑니다. 해당 정부들의 행정 소홀로 기아 실태 파악이 쉽지 않아 지원 인력 및 물품 도달에 상당한 시간이 걸려 기근 피해자가 늘고 있습니다. 설상가상으로 구호기관들의 재정 상태는 열악한데 곡물 투기꾼들의 농간에 식량 가격은 천정부지로 치솟고 있습니다. 끝없는 인간의 욕심이 기근을 부추기고 있는 것입니다.

"우리에게 일용할 양식을 주시고"라는 기도를 드릴 줄 아는 사람만이 진정 기근을 해결할 수 있습니다. 오늘의 양식에 만족할 줄 아는 마음이 굶주림을 막을 수 있습니다. 오늘 내게 필요한 양식 외에는 이웃에게 공급할 때 기근에서 허덕이는 사람들을 구할 수 있습니다. 우리의 지구는 주님이 가르쳐 주신 기도가 절실한 시대를 맞이하였음을 기억해야 합니다.

명품과 짝퉁

우리 시대는 명품시대입니다. '럭셔리'는 더 이상 사치가 아니라 개성으로 이해되는 이 시대의 산물이 되었습니다. '명품'의 사전적 의미는 '뛰어나거나 이름난 물건 또는 그런 작품'을 의미합니다. 그래서 명품은 이름이 난 고가의 유명 브랜드를 지칭하는 말로 사용되기도 합니다. 현재 우리 사회에서 흔히 말하는 명품이란, 단순한 상품을 넘어선 하나의 이미지이며 개인의 기호를 의미하기도 합니다. 실제로 명품은 비싼 만큼 오랫동안 변하지 않는 품질을 보장하며, 튼튼하고 멋이 있는 제품들입니다. 그래서 명품은 비싸게 주고도 살 값어치가 있다고들 합니다.

명품이란 어느 한 종류의 상품에 국한된 것은 아닙니다. 옷에도 명품이 있고, 액세서리에도 명품이 있고, 스포츠 용품에도 명품이 있고, 자동차에도 명품이 있고, 심지어 문구류에도 명품이 있습니다. 이런 구매심리를 이용한 '명품 관광', '명품 학원'도 등장하였습니다. 명품을 선호하는 현대인의 기호는 거의 모든 상품을 명품화하는 데 온 힘을 기울이고 있습니다.

명품 선호 의식은 실제 생활에서 쉽게 드러납니다. 현대 사회에서 명품은 사회적 지위를 의미하기도 하여 사람들은 어떻게든 명품을 가지고자 합니다. 이런 명품 선호 의식을 이용하여 명품을 흉내 낸 가짜, 소위 '짝퉁'이 날개 치고 있습니다.

한때는 우리나라가 짝퉁의 천국이었습니다. 우리나라의 짝퉁들이 세계에 팔려 나가고 그 품질을 인정받았습니다. 이제는 중국이 짝퉁의 왕국입니다. 중국에는 시내 한복판에 짝퉁들만 파는 어마어마한 쇼핑센터가 있어 쉽게 짝퉁을 구할 수 있습니다. 모방은 기술 발전의 한 과정인가 봅니다.

짝퉁은 사용하다 보면 그 품질이 명품과는 비교될 수 없음을 알게 됩니다. 마찬가지로 제조 과정에서도 엄청난 차이가 납니다. 명품 옷은 여러 해를 입어도 단추가 떨어지지 않습니다. 그러나 짝퉁은 쉽게 단추가 떨어지고 한 번 세탁한 다음에는 질이 확연히 떨어집니다. 짝퉁 만년필은 몇 시간이면 만들지만 명품 만년필은 6주간의 긴 공정을 통해 열정과 자존감으로 만든다고 합니다.

미래의 교회에는 영성적 양극화가 일어날 것이라고 합니다. 영성적인 그리스도인은 더 영성적인 존재가 될 것이고, 그렇지 않은 그리스도인은 이름뿐인 그리스도인으로 전락하게 될 것입니다. 이런 그리스도인을 '명목상의 그리스도인'이라고 합니다. 외형적으로는 그리스도인의 무늬를 가졌지만 내면적으로는 그리스도인의 성품을 상실한 비영성적 그리스도인입니다.

이제 그리스도인도 명품과 짝퉁을 구별해야 할 때입니다. 포스트모던 시대는 그리스도인도 짝퉁을 양산하고 있습니다. 오랜 훈련과 자기 성찰 가운데 만들어지는 명품 그리스도인이 됩시다.

웃음 셔터

어떤 사람이 골프장에서 골프를 치다 번개에 맞아 죽었습니다. 그런데 그 시체를 보니 시체의 얼굴이 웃고 있었습니다. 알고 보니 번갯불이 '번쩍' 비치니 사진을 찍는 줄로 알고 웃었더랍니다. 물론 우스갯소리입니다. 사진을 찍을 때 웃어야 한다는 것은 상식입니다. 그러나 조금 연세가 있는 분들일수록 평소에는 잘 웃다가도 사진을 찍는다고 하면 오히려 표정이 굳고 긴장하는 모습을 볼 수 있습니다.

서양 사람들은 사진을 찍을 때 웃는 표정을 자연스럽게 잘 짓습니다. '스마일' 하기도 하고, '세이 치즈' 하기도 합니다. 치즈라고 말하며 입에 미소가 가득할 때에 셔터를 누르는 것입니다. 우리나라에서는 '치즈'가 토속화되어 '김치'로 변하였습니다. 그래서 사진을 찍을 때 '김치' 하면 함께 미소를 짓자는 사인이 된 것입니다.

최근 일본의 소니사가 '웃음 셔터'를 개발하여 출시하였습니다. 810만 화소의 디지털 카메라인 이 '웃음 셔터'에는 사람의 웃는 얼굴을 자동으로 인지해 셔터가 눌러지는 기능이 장착되었습니다. '웃음 셔터'는 인물의 얼굴을 자동으로 포착하여 입가와 눈가의 세밀한 근육의 움직임, 그리고 치아와 눈의 노출 정도와 같은 표정변화를 분석해 가장 자연스러운 미소를 자동으로 촬영하는 신기술 기능입니다.

이 카메라를 사용하면 사람이 웃는 순간을 정확하게 포착할 수 있다고 합니다. 또한 어린아이들과 함께 사진을 찍을 때에 아이들이 가장 활짝 웃는 적절한 순간을 찍을 수도 있다고 합니다. 미소를 짓는 순간에 셔터를 누르지 못하는 실수를 하지 않는 이 카메라는 기술적으로 발전하여 완벽한 미소를 만들어 낼 것이라고 장담하고 있습니다.

　"웃는 얼굴에 침 못 뱉는다."는 우리 속담이 있습니다. 웃음 치료사의 말을 빌리면 웃는 것만으로도 병이 나을 수 있다고 합니다. 사람의 몸에는 매주 암세포가 자랍니다. 그러나 우리 몸의 면역체계 덕분에 우리의 몸에는 '자연 살해 세포'가 생성됩니다. 두려움과 걱정, 근심, 스트레스 등의 부정적인 감정이 자연 살해 세포를 파괴하지만, 반면 행복하고 긍정적인 태도를 가진 사람, 항상 웃고 사는 사람의 몸에는 정상인보다 더 많은 자연 살해 세포가 생성된다고 합니다.

　이와 같이 건강을 위한 가장 좋은 습관 중 하나는 자주 웃는 것입니다. 15초 동안 웃으면 이틀 더 수명이 연장된다고 합니다. 웃어서 손해될 일은 없습니다. 심지어 뇌는 억지로 웃는 웃음과 자연스런 웃음을 구별하지 못하여 억지웃음도 효과가 있다고 합니다. 그러나 억지웃음보다는 예수님 때문에 기뻐하는 진정한 웃음이 더 좋다는 것은 더 말씀드리지 않아도 될 것입니다.

가정중심형 부자

미국 사회는 전통적인 가정중심 사회입니다. 세속문화의 발달과 가정의 파괴가 미국의 대표적인 특징처럼 보이지만 미국의 전통적인 가정에서는 매우 분명하게 가정중심형 삶을 추구하는 것을 볼 수 있습니다.

또한 미국에서는 일반적으로 학교에서나 가정에서 어린이를 매로 때리는 것을 '아동학대'라고 하여 심각하게 다루지만 엄격한 가정에서는 아이들을 매로 때리기도 합니다. "매를 아끼면 아이들을 망친다."는 서양 속담이 아직도 유효합니다.

미국에서는 오후 4시가 차량이 가장 많이 쏟아져 나오는 러시아워입니다. 그 이후에는 특별한 경우를 제외하면 시내 고속도로가 한가해집니다. 4시가 되면 모두들 직장에서 나와 가정으로 돌아갑니다. 일단 귀가한 다음 다시 가족과 함께 나들이를 하는 것이 통상적인 모습입니다. 그러나 우리나라에서는 직장에서 곧장 가정으로 돌아가는 사람보다 그렇지 않은 사람이 더 많은 것 같습니다. 거의 매일 밤 9~11시에 시내의 교통 체증이 심합니다. 미국 가정의 파괴에 대해 말하지만 실은 우리나라 가정의 보이지 않는 내적인 파괴가 더 심하다고 생각될 때가 많습니다.

지난 2007년, 가정중심형 신흥부자가 많아지고 있다는 외신 보도가 있었습니다. 가족과 일의 가치를 함께 중요시하는 신흥 중산층이 늘고 있다는 것입니다. 최근 미국에서 100만 내지 1,000만 달러 자산을 가진 중산층 가정이 15% 증가해 전체 가구의 7.6%인 840만 가구에 이른다고 합니다. 이들은 이전의 부유층과는 다른 특징을 보이고 있다고 합니다.

신흥부자인 이들은 이전의 부자들이 상속으로 재산을 증식한 것과는 달리 일을 통해 돈을 번다는 것입니다. 이들은 평균 주 70시간 일을 할 정도로 근면한 생활태도를 가지고 있습니다. 이들 신흥부자들은 소득을 중시하는 비율이 기존 중산층보다 높으며 휴대전화나 이메일로 언제나 일을 할 수 있다고 생각합니다. 이들은 돈을 버는 것 외에도 가족의 건강과 복지, 그리고 자기 개발에 관심을 가지고, 많은 투자를 합니다. 특히 자녀의 교육과 사회복지에 각별한 관심을 가지고 있습니다. 신흥 중산층의 77%가 주거지 선정 기준으로 교육을 제일로 꼽을 정도로 자녀 교육에 관심도 높은 것으로 나타났습니다.

이전의 부자들은 요트나 고급 레저생활에 관심을 보였지만 새로운 중산층은 지역사회에 개방적인 관심을 가지고 있습니다. 건강한 중산층이 국가를 이끌고 건강한 사회와 국가를 만듭니다. 양극화 시대에 중산층의 의식의 변화와 부각은 국가에 희망을 주는 일입니다. 부자와 빈자의 차이가 점점 커지는 양극화 시대에 건전한 중산층이 일어나는 것은 고무적인 변화입니다. 우리나라에서도 이런 건전한 사회변화가 일어났으면 좋겠습니다.

●
길

　설날은 우리나라의 가장 대표적인 고유명절입니다. 단순히 새해를 맞이하는 날이라는 개념보다 오랜 민족 전통을 따라 가족이 함께 모이고 차례를 지내는 날로 지켜지고 있습니다. 특히 음력을 중요한 시간과 절기로 여기는 농경민족, 우리 조상들에게 음력설은 민속명절일 수밖에 없는 것입니다.
　음력설이 가장 중요한 절기인 민족 중 하나는 중국인일 것입니다. 그들은 이날을 '춘절'(春節)이라고 하여 온 나라가 들썩일 정도로 기념하는 요란스러운 절기입니다. 기차나 버스를 타고 며칠을 달려 고향에 가는 사람도 수억 명이나 되며, '춘절 휴가'도 일주일에서 보름까지 각양입니다. 심지어 공장이나 회사에서 일하던 많은 노동자들이 춘절에 고향으로 갔다가 돌아오지 않는 경우도 허다하다고 합니다.
　음력 섣달그믐의 중국은 도시마다 폭죽으로, 불꽃과 굉음으로 가득합니다. 하늘에 쏘아 올리는 불꽃은 말할 것도 없고 연발로 터지는 폭죽이 밤새 총소리를 냅니다. 특히 자정에는 동시다발적으로 터지는 폭죽 소리가 온 도시를 흔듭니다. 이 시간에 시내를 거닐다 보면 폭죽 소리 외에는 아무 소리도 들리지 않을 정도로 그 소리가 정말 대단합니다.

섣달그믐이 가까워 오면 중국인들이 빼놓지 않는 또 하나의 풍습이 있습니다. 큰길 네거리에 모여 무엇인가를 태우고 있는 사람들을 볼 수 있습니다. 네거리마다 사람들이 모여 앉아 무엇인가를 태우고 사라지는 이 의식은 '제사'와 의미가 통하는 의식입니다. 전통적인 중국 가정에서는 조상의 신위(神位)를 집에 모십니다. 섣달그믐이 다가올 때 조상의 신을 불러들이는 의식을 하는 것으로 불을 지펴 조상신에게 길을 인도하는 것입니다. 그래서 그들은 길에 나와 조상신을 맞이하여 모시고 집으로 돌아가는 것입니다.

기독교가 조상제사를 하지 않는 이유는 아주 간단합니다. 제사는 조상신을 모시고, 불러들이는 의식이기 때문입니다. 전통적인 제사의식은 제사하기 전에 구멍을 막고 빨랫줄을 겁습니다. 왜냐하면 귀신은 구멍을 싫어하고, 뻣뻣하게 서서 허리를 굽히지 못하기 때문입니다. 제사는 조상을 추모하는 것이 아니라 조상신을 섬기는 것이므로 기독교가 제사를 거부하는 것입니다.

중국인들은 네거리에서 불을 지펴 조상신의 길을 안내합니다. 그러나 우리의 하나님은 길을 아시고, 길을 예비하시고, 길을 인도하십니다. 이스라엘 백성들의 길이 없는 광야생활 40년 동안 그들의 길이 되신 분입니다. 우리의 하나님은 우리가 인도하는 길을 따라 우리에게 오시는 분이 아니라 우리의 길을 만드시고 이끄시는 분입니다.

부부가 사는 법

　세상에서 나누어지는 이야기 가운데 부부 생활의 변화 모습을 이렇게 말하는 것을 들었습니다. 흔치 않지만 10대 부부는 서로가 멋모르고 환상 속에서 삽니다. 20대 부부는 서로가 좋기만 한 채로 신나게 삽니다. 30대 부부는 권태기를 맞아 고독을 씹으며 한눈을 팔며 삽니다. 40대 부부는 헤어질 수 없어서 마지못해 삽니다. 50대 부부는 흰 머리, 잔주름이 늘어난 모습에 서로 가여워서 삽니다. 60대 부부는 등 긁어 줄 사람이 없기에 서로가 필요해서 삽니다. 70대 부부는 살아 준 세월이 고마워서 서로 감사하며 삽니다.

　최근 일본의 어느 생명보험 회사에서 '좋은 부부의 날'을 정하고 설문 조사를 하였습니다. 그 결과 부부관계는 결혼 15년을 경계로 '사랑' (愛)에서 '인내' (忍)로 바뀌는 경향이 있다는 사실을 밝혔습니다. 이 회사는 이를 조사하기 위하여 부부관계를 가장 잘 표현하는 한자어 한 글자를 선택하게 하였습니다. 그 결과 결혼 15년 차까지의 부부 사이에서는 '사랑' (愛), '행복' (幸), '편안' (安) 등이 상위를 차지하였습니다.

　그러나 16년에서 20년 차까지는 갑자기 '인내' (忍)가 수위로 떠올랐다고 합니다. '인내' (忍)는 결혼한 지 15년이 지나면서 자녀의 진로 문제, 자신의 직장문제, 부모의 간병문제 등에 직면함으로 인내하며 어려움을 극복해 나가야 하는 부부관계를 의미하는 글자입니다. 한편 결혼생활 21년째 이후에는 다시 '인내'(忍)가 줄어들고 그 대신 '편안'(安), '조화'(和) 등이 상위를 차지하면서 점점 원숙하고 안정된 부부관계를 회복하는 것으로 나타났습니다.

좋은 부부관계를 위한 설문 조사 결과를 보면 분명하게 나타나는 것이 있습니다. 일반적으로 어느 부부에게나 어려운 시기가 있다는 것입니다. 이 어려운 시기를 잘 참고 이기면 다시 편안하고, 조화를 이루는 관계로 회복될 수 있다는 것입니다. 인내하지 않고서는 좋은 부부가 될 수 없습니다. 인내는 좋은 가정의 필수 조건입니다. 어쩌면 좋은 약일지도 모릅니다.

그리고 또 한 가지 분명히 알 수 있는 것은 성경적 관계에 부부관계의 뿌리를 둘 때에 좋은 가정이 될 수 있다는 것입니다. 성경이 말하는 사랑이란 인내입니다. "사랑은 오래 참고", "사랑은 모든 것을 참으며"라고 가르치는 성경적 사랑은 부부관계에서도 매우 중요합니다. 서로 다른 두 사람이 하나가 된다는 것은 신비입니다. 하나님의 신비는 하나님의 말씀을 따를 때에 비로소 참 신비로 다가오는 것입니다. 하나님의 말씀을 떠나서는 신비도 사라지고 혐오만 남게 되는 법입니다. 서로 필요해서, 불쌍해서, 고마워서, 억지로 살아 주는 부부가 아니라 하나님께서 짝지어 주신 신비의 대상으로 서로를 사랑하며 살기 위해서는 성경적 부부관계가 필요합니다.

미인

미인의 기준은 시대와 지역에 따라 차이가 있습니다. 우리 옛 선조들은 3백(三白)이라 하여 살결, 치아, 손은 희고, 3흑(三黑)이라 하여 눈동자, 눈썹, 머리카락은 검고, 3홍(三紅)이라 하여 입술, 볼, 손톱은 붉고, 3장(三長)이라 하여 키, 머리카락, 팔다리는 길고, 3단(三短)이라 하여 치아, 귓불, 발은 짧고, 3광(三廣)이라 하여 가슴, 이마, 미간은 넓고, 3협(三狹)이라 하여 입, 허리, 발목은 가늘고, 3비(三肥)라 하여 엉덩이, 허벅지, 유방은 넓고, 3세(三細)라 하여 손가락, 목, 콧날은 가늘고, 3소(三小)라 하여 머리, 턱, 코는 작아야 미인이라고 하였습니다. 이렇게 30가지 조건으로 미인을 측정하는 기준을 삼았습니다.

이와는 달리 서양인들은 그리스 남쪽 에게해의 밀로섬에서 출토된 밀로의 비너스상을 미의 절대 기준으로 삼고 있습니다. 밀로의 비너스상은 가슴이 37인치, 허리가 26인치, 엉덩이가 38인치라고 합니다. 이것이 서양 미인의 조건이었습니다. 이런 미인의 기준을 그들과 체형이 다른 우리나라 여성들에게 적용하는 것은 처음부터 그 기준이 맞지 않는 것일지 모릅니다. 그러나 최근에는 우리나라 여성들의 체형도 많이 달라졌습니다. 신장이 훨씬 커졌고, 체형도 마른 체형으로 변하고 있습니다.

백인에게 미인이라고 하면 하얀 피부, 파란 눈, 금발이 기본 조건입니다. 흑인들은 이와 다른 미인의 기준을 가지고 있습니다. 까만 피부에 두터운 입술, 그리고 곱슬머리를 가진 여성이 최고의 미인입니다.

최근에는 검은 머리카락에 담갈색 피부를 선호하는 풍조가 확산되고 있습니다. 현대인이 추구하는 이상적인 피부 빛깔은 동양 사람의 피부 빛깔인 것 같습니다.

얼마 전 일본인이 뽑은 '미인이 많은 해외 도시'에 서울이 3위로 올랐습니다. 1위는 프랑스의 파리, 2위는 러시아의 모스크바가 선정되었고, 서울이 그 다음이었습니다. 한국 드라마에 예쁜 배우가 많은 것, 한국 여배우들의 피부가 예쁜 것, 우리나라 여성의 패션 스타일에 대한 긍정적인 평가 등의 이유로 서울이 미인이 많은 도시로 선정되었다고 합니다.

1960년대 중국의 문화대혁명 때에는 '미'를 부르주아 개념이라 하여 거부하였습니다. 홍위병들은 꽃집의 문을 닫고, 금붕어를 죽이게 하였고, 아름다운 옷이 아닌 회색 인민복을 입게 하였습니다. 이 때문에 '미'는 지하로 숨어들었습니다. 여성들은 집에서 꽃을 키웠습니다. 회색의 인민복 안에 밝은 색의 블라우스를 입었습니다. 금붕어 어항을 침대 밑에 숨겼습니다.

미는 절대 소멸되지 않습니다. 그리고 미는 외형보다 내면에 숨겨지게 될 때 그 가치가 돋보입니다. 이제 서울이 내면이 아름다운 미인이 많은 첫째 도시가 되었으면 좋겠습니다.

레즈비언

미국 유학시절 샌프란시스코에서 '도시목회학'이란 과목을 수강한 적이 있습니다. 미국적 상황에서 도시에서 발생하는 가장 흔한 목회적 과제를 실제적으로 공부하는 좋은 과목이었습니다. 이 과목에서는 세 가지를 도시 목회의 주제로 선정하여 공부하였습니다. 곧, 노숙자 문제와 피난민 문제와 동성애 문제를 집중적으로 공부하면서 실제로 노숙자, 피난민, 동성애자들과 함께 토론하며 문제를 풀어 나가는 현장 중심의 학습이었습니다.

그때 한 레즈비언을 만났습니다. 그녀는 미국 장로교회의 목사였고 신학교 이웃 도시 어느 교회의 부목사였습니다. 그녀는 결혼하여 두 자녀를 두었었고, 당시에는 이혼하여 레즈비언으로 살고 있었습니다. 제가 가장 당혹스러웠던 것은 자신이 결혼하여 남편과 함께 생활할 때는 행복을 몰랐는데, 지금은 참으로 행복하고 하나님의 구원과 사랑을 확실하게 깨달았다고 할 때였습니다. 하나님의 구원에 감격하고, 하나님의 사랑에 감사한다며 눈물을 글썽이던 그녀의 얼굴이 지금도 생생하게 떠오릅니다.

'레즈비언'이란 말은 기원전 6세기경에 레스보스섬에 거주했던 고대 그리스 여류 시인 사포 때문에 생겨났다고 합니다. 사포의 많은 시들이 다른 여성에 대한 사랑을 표현하고 있기 때문에 그녀가 머문 레스보스섬의 이름이 레즈비언의 어원이라고 합니다.

그런데 얼마 전 그리스 에게해의 레스보스섬 주민들이 여성 동성애자란 뜻의 '레즈비언'이란 단어를 사용하지 말아 줄 것을 요청했다고 합니다. 원래 레즈비언이란 말은 이 레스보스섬 사람들을 지칭하는 단어였다는 것이 그들의 주장입니다. 그들은 레즈비언이란 단어가 여성 동성애자를 지칭하는 단어로 사용되면서 레스보스섬 사람들의 정체성이 모욕을 당했다고 주장하고 있습니다. 만일 그 섬의 여성들이 자신들을 레스보스섬 사람이라는 뜻으로 '레즈비언'이라고 한다면 알지 못하는 사람들은 여성 동성애자로 인식하게 될 것이라는 게 그들의 말입니다.

이런 레스보스섬 사람들의 요청을 통해 레즈비언이 결코 긍정적 의미의 단어가 아니라는 것을 알 수 있습니다. 사실은 레즈비언이란 단어가 아니라 레즈비언이란 관계가 긍정적이지 않다는 뜻입니다. 동성애자들과의 대화에서 벽을 느낀 것은 그들이 이성애와 동성애, 둘 다를 정상으로 본다는 것입니다. 태어날 때부터 이성에 대해 애정을 느끼는 사람이 있는가 하면 동성에 대해 애정을 느끼는 사람이 있다는 것입니다. 동성애자들이 당당하게 '커밍아웃'하여 자신을 드러내는 시대에 그들을 향한 관심을 가지고, 그들이 치유받도록 돕는 일은 교회가 해야 할 역할임을 기억해야 합니다.

헬리콥터 맘

요즈음 캥거루족이 점점 늘어 가고 있다고 합니다. 최근 어느 자료에 의하면 미국에는 26세 이상이 되었지만 부모와 동거하는 자녀가 20%에 달한다고 합니다. 미국에서는 흔히 만 18세가 되어 대학교에 들어가게 되면 부모에게서 독립합니다. 또 집에서 멀리 떨어진 대학을 선호하여 살게 됩니다. 이런 경향이 서서히 무너지고 있다는 의미입니다. 18세에서 34세 사이의 자녀 3명 중 1명은 연 4천만 원을 부모님께 받아 쓰고 있다는 것입니다. 결혼 평균 연령도 점점 높아지고 있음은 다 알고 있는 바입니다.

'마마보이'라는 말이 있습니다. 어머니의 치맛자락을 놓지 못하는 아들을 말합니다. 모든 것을 어머니에게 의존하는 사람, 심지어 결혼한 후에도 아내보다 어머니에게 더 의존하는 사람을 말합니다. 지나친 의존성은 사회성을 떨어뜨리고 정신적 폐쇄성을 유발하는 질병으로 발전하기도 합니다. 최근에 와서는 '티처보이', '티처걸'이란 말까지 있습니다. 어려서부터 가정교사와 선생님에게 의존하면서 공부했기 때문에 혼자서는 공부하지 못하는 아이들을 말합니다. 자율성을 상실한 공부는 진정한 지식에 이르지 못하게 합니다. 자세히 보면 캥거루족, 마마보이, 티처보이의 문제는 아이들의 문제가 아닙니다. 이런 특성의 자녀를 만드는 것은 결국 부모입니다.

이런 세태와 더불어 최근에 생겨난 말 가운데 '헬리콥터 맘'이란 말이 있습니다. 헬리콥터처럼 자녀의 주위를 맴돌며 일일이 챙겨 주는 어머니를 뜻합니다. 이런 어머니는 자녀의 다음 학기 강의 과목까지 챙깁니다. 졸업 후 취업에 필요한 면허나 자격증을 따도록 등록을 해 주기도 합니다. 심지어는 성적표가 나온 뒤에 아이의 성적을 정정해 달라고 교수에게 찾아가 통사정하기도 합니다. 이렇게 자녀의 일을 다 알아서 처리해 주며 자녀를 만년 어린애로 키우고 있는 어머니들이 늘어 가고 있습니다. 이렇게 헬리콥터 맘의 과잉보호 아래 자란 자녀들은 한 번도 경험하지 않은 상황을 만났을 때 스스로 해결할 수 있는 능력을 쌓지 못한다는 데 문제가 있습니다. 게다가 자녀를 혼자서는 아무것도 할 수 없는 어른으로 키우는 헬리콥터 맘 또한 결국 자녀에게 지나치게 의존하게 될 수밖에 없게 되는 악순환도 예상할 수 있습니다.

인간에게 헬리콥터 맘은 부정적 이미지입니다. 그러나 신앙적으로 볼 때 하나님은 우리의 헬리콥터 맘입니다. 하나님은 우리를 자녀 삼으시고, 눈동자와 같이 지키시고, 필요한 모든 것을 아셔서 공급하시고, 머리카락을 헤아리시고, 발걸음을 재시고, 갈 길을 미리 아시고는 일러 주시고, 우리의 구할 것을 구하기 전에 아시고, 미리 가셔서 장막 칠 곳을 예비하십니다.

정 열   환 희   **분 별**   성 장   활 기   하 나 됨   생 기

제3장
분 별

discernment

'분별'이 가진 색은 노랑입니다.

노랑은 지성을 의미하며
삶의 분별력을 담고 있습니다.

#분별

**세상 물정에 대한
바른 생각이나 판단**

우리의 마음이 세상의 것에 밝으면 하늘의 것이 어두워집니다. 세상의 지식과 여론에 지나치게 밝으면 하늘의 것이 어두워집니다. 하늘의 것이 밝아지기 위해서는 세상의 것들을 꺼야 합니다. 세상을 비추는 마음의 가로등을 꺼야 합니다. 세상의 것들이 어두워지면 하늘의 것들은 밝아져 옵니다.

평범과 탁월

'평범하다' 라는 단어는 문학적으로 '돌산의 중간까지 오르는 것'을 의미한다고 합니다. 누구나 오를 수 있는 단계까지만 오르는 것은 평범한 일입니다. 그리고 평범한 사람은 정상에 오르는 고통을 감수하려 하지 않습니다. 그러므로 정상에 오르는 기쁨도 알지 못합니다.

80 : 20 법칙을 만든 파레토도 어느 집단이든지 상류 20%가 나머지 80%를 이끌어 간다고 하였습니다. 이 법칙은 집단에만 적용되는 것이 아니라 개인에게도 마찬가지로 적용됩니다. 개인이 하는 20%의 사고가 80%의 행동을 지배한다는 것입니다. 그렇게 볼 때 80%라는 다수는 평범한 부류라는 것입니다.

미국에서 교회 연구가로 이름이 나 있는 조지 바나가 미국교회 목회자들을 대상으로 그들이 가진 리더십에 대해 조사한 결과 불과 2% 정도만이 꿈을 가진 리더였고 나머지 98%는 그저 평범한 지도자로 나타났다고 했습니다. 바나는 이 결과를 사다리에 비유해서 2%는 사다리의 제일 높은 곳에 있고 나머지 98%는 제일 아래에 있다고 표현했습니다.

그러나 성공자들은 어딘가 모르게 탁월하며 비범한 데가 있습니다. 평범한 것을 탁월하게 만드는 기술을 가지고 있습니다. 존 록펠러 2세도 "성공의 비밀은 평범한 일을 비범하게 해내는 것이다."라고 하였습니다. 실제로 면밀하게 살펴보면 세상의 거의 모든 것은 평범한 것이며 인간의 상식에서 벗어나는 일은 그리 자주 나타나지 않습니다. 그러나 이런 가운데서 탁월함을 발견하는 것이 지혜입니다.

탁월함은 자신을 스스로의 잠재력과 견주어 자신의 가치를 평가하는 것에서부터 시작됩니다. 성공을 얻는 자는 소수이지만 그것을 꿈꾸는 자는 다수입니다. 모든 사람은 탁월해질 수 있는 가능성이 있지만 소수만이 그 탁월함에 다다를 뿐입니다. 탁월함에 이르는 사람은 꿈을 이룰 수 있는 의지를 가진 자입니다.

탁월함을 추구한다는 것은 곧 성숙의 표시이며 삶의 지혜입니다. 안토니오 스트라디바리는 17세기에 살던 바이올린 제작자입니다. 그의 이름으로 불리는 악기는 세계 최고의 명기로 알려져 있습니다. 라틴어로, 그의 이름 '스트라디바리우스'는 탁월함이라는 의미와 동의어가 되었습니다. 언젠가 그는 "바이올린을 만들 때 최선을 다하지 않는 것은 하나님을 유린하는 것"이라고 말했습니다. 탁월함을 추구하는 것이 그에게는 신앙이었습니다.

거룩이란 단어는 '잘라서 떼어 놓다' 라는 의미입니다. 이 단어의 어원은 '베어 내다' 라는 의미를 가진 고대어로 거슬러 올라갑니다. 거룩해진다는 것은 일반적인 것들로부터 따로 떨어져 구별되는 것이며, 탁월하고 비범해지는 것입니다. 거룩한 신앙인이 탁월해야 하는 까닭이 여기에 있습니다.

나니아 연대기

　현대는 판타지의 시대입니다. 판타지란 현실에서는 있을 수 없는 초자연적이고 비현실적인 이야기를 그린 일종의 장르문학을 지칭합니다. 장르문학이란 각 장르별로 독자적이고 고유한 서사규칙과 특징을 지니고 있어서 독자는 그 성격과 정체를 분명하게 알아차립니다. 미래사회는 고대사회의 패러다임과 절묘하게 일치하는데 그 패러다임의 중심은 신비입니다. 이런 시대적 조류가 판타지 시대를 이끌어가고 있는 것입니다.

　톨킨, 루이스, 롤링을 현대 판타지의 세 거장이라고 합니다. "해리 포터" 시리즈가 소설과 영화로 성공을 하였습니다. 톨킨의 "반지의 제왕" 역시 큰 반향을 불러일으켰습니다. 그리고 루이스의 "나니아 연대기" 역시 큰 관심거리가 되고 있습니다. 이런 경향은 현대인들의 판타지에 대한 향수와 호기심을 그대로 드러내고 있는 것입니다.

　C. S. 루이스는 현대의 가장 뛰어난 기독교 저술가입니다. 그는 소설과 경건 서적을 오가며 많은 작품을 남겼습니다. 한때 무신론자였던 그는 1931년 어느 가을 밤, 옥스퍼드의 동료 교수인 톨킨과 함께 성서와 신화를 주제로 나눈 긴 대화를 통해 기독교 신앙의 핵심인 십자가와 부활 신앙에 이릅니다. 그리스도인이 된 후 루이스의 소명은

교회 밖 사람들에게 기독교의 핵심 진리를 설명하는 것으로 바뀌어 그는 「순전한 기독교」, 「스크루테이프의 편지」 등 신학용어가 아닌 현대인의 생생한 언어로 기독교를 표현하였습니다.

「나니아 연대기」는 전 세계적으로 읽히는 그의 저서 가운데 하나입니다. 제2차 세계대전 중 공습을 피해 디고리 교수의 시골 별장으로 간 페번시가의 네 남매는 숨바꼭질 놀이 중 우연히 2층의 한 빈방 옷장을 통해 신비로운 나라 나니아로 들어섭니다. 말하는 동물들과 켄타우로스, 거인들이 평화롭게 어울려 사는 땅이었던 나니아는 사악한 하얀 마녀 제이디스에 의해 긴 겨울에 감금되어 있습니다. 호기심 많은 네 남매는 고귀한 사자 아슬란의 인도로 제이디스의 싸늘한 주문을 깨는 싸움에 가담합니다.

「나니아 연대기」는 단순한 판타지처럼 보이지만 이면에는 기독교적 세계관이 담겨 있습니다. 나니아의 통치자인 사자 아슬란은 하얀 마녀에게 죽게 된 한 아이를 대신해 죽게 되고, 다시 살아나 네 남매에게 나니아를 다스리는 통치권을 부여합니다. 이런 스토리의 전개는 예수 그리스도의 죽음과 부활을 이야기하고 있습니다. 아슬란이 네 남매에게 통치권을 위임하는 것은 기독교인으로 하여금 세상을 다스릴 것을 명하는 기독교적 인간관입니다. 판타지를 통해 기독교 신앙에 대해 이야기하려는 작가의 의도가 다분히 담겨 있는 것입니다. 현대인에게 친숙한 문화로 기독교를 알리는 것은 기독교의 또 하나의 사명입니다.

지각의 추학

오래전 미국에서 유학하며 목회할 때에 이미 고인이 되신 김계용 목사님을 가까이에서 뵈었습니다. 목사님은 북한에서 남한으로 피난을 오셔서 평생을 홀로 사시며 훌륭한 목회를 하셨고, 가족을 만나러 북한에 가셨다가 북한에서 돌아가셨습니다. 당시에 LA 지역에서 가장 큰 교회를 목회하셨던 김 목사님은 누구보다 바쁘신 분이었습니다. 그럼에도 불구하고 어떤 모임에든 늦게 오시는 것을 본 적이 없습니다.

영화 "아름다운 세상을 위하여"에는 지각하는 학생에게 시모넷 선생님이 지각의 의미를 묻습니다. 그러자 학생은 "컨디션이 좋지 않다는 것을 뜻하죠."라고 대답합니다. 그때 시모넷 선생님은 "지각은 존경심의 결여이다."라고 일러 줍니다.

언젠가 대통령을 면담하러 청와대에 들어간 적이 있었습니다. 여러 사람이 함께 들어가게 되어 있어 미리 한곳에 모여 승합차로 이동하고 영빈관에 가서 기다리다 짧은 시간 면담을 하였는데 함께 가는 사람 가운데 한 사람도 늦은 사람이 없었습니다. 대통령을 만나는데 지각하는 사람은 아마 없을 것입니다. 지각하지 않는 것은 가장 기본적인 예의입니다.

지각은 상대에 대한 존경심의 결여, 즉 멸시를 뜻합니다. 상대를 멸시하는 태도를 가지고 좋은 반응을 기대하는 것은 어리석은 일입니다. 지각하는 사람이 불이익을 받게 되는 것은 자신의 멸시하는 태도를 통해서 상대에게 멸시를 받는 것입니다. 철저한 시간의식, 상대에 대한 존경이 없는 성공은 존재하지 않습니다. 예배 지각은 하나님을 멸시하는 행위입니다. "나를 존중히 여기는 자를 내가 존중히 여기고 나를 멸시하는 자를 내가 경멸하리라"(삼상 2 : 30)고 하십니다. 참 예배의 기본은 미리 와서 준비하고 있는 자세입니다.

고든 맥도날드는 인생을 '쫓기는 삶과 주도하는 삶' 두 가지로 설명합니다. 쫓기는 인생을 사는 사람은 지각하는 사람입니다. 지각하는 사람은 그 모임에서 주도권을 잃어버립니다. 모임의 흐름을 잃게 되고, 항상 빚진 의식을 가지고 살며 져 줄 수밖에 없습니다. 그래서 항상 협상에서 지게 됩니다. 반면 미리 와서 준비된 사람은 협상의 주도권을 쥐게 됩니다. 당당하게 고지를 선점하여, 올바른 뜻을 펼칠 수 있습니다. 지각하지 않는 삶이 주도하는 삶이며 지각은 패망의 지름길입니다. 더구나 지도자에게 지각은 스스로 존경을 받지 못하게 합니다.

오늘날은 지나친 경쟁을 요구하는 시대가 되다 보니 '느림의 미학', '게으름의 미학'을 논하기도 합니다. 느림도 게으름도 미학적으로 풀이될 수 있을지 모르지만 아무리 봐도 지각은 미학이 아닙니다. 그래서 '지각은 추학'입니다.

분별의 영성

그리스도인이 영적 성숙을 위하여 추구해야 할 필수 덕목은 분별입니다. 분별은 그리스도인의 삶의 매 순간마다 하나님의 임재를 확인하는 중요한 방편이 됩니다. 분별은 그리스도인의 선택과 결정의 열쇠이며 삶의 방향을 설정하는 나침반입니다. 분별은 그리스도인의 삶의 결정적 순간에만 필요한 것이 아니라 그리스도인의 모든 선택과 경험 속에서 늘 필요한 것입니다. 그리스도인의 분별은 선택과 결정의 실패를 거듭하는 사람들에게 도전을 줍니다. 그리고 영적 깨달음을 제공합니다.

분별의 상실은 죄의 결과입니다. 태초의 인류는 선택에 실패하였습니다. 선악을 알게 하는 나무의 열매를 선택한 인간은 분별을 상실하고 말았습니다. 분별을 상실한 인류는 생명의 주이신 그리스도를 선택하지 않고 살인한 강도였던 바라바를 선택하였습니다. 인류의 멈추지 않는 그릇된 선택은 분별을 상실한 인류의 죄의 결과입니다.

분별의 기술은 선택의 때에 하나님께 귀를 기울이는 것입니다. 인간의 삶은 선택의 연속입니다. 그리고 지혜로운 선택은 그리스도인의 삶과 사역의 기초입니다. 이런 지혜가 자라고 성숙하게 될 때에 하나님의 뜻을 분별할 수 있습니다. 그러므로 분별이란 하나님의 말씀 안에 있는 말씀을 듣는 것이며, 하나님의 말씀대로 살려고 하는 한 사람, 한 사람에게 주시는 구체적인 말씀에 귀를 기울이는 것입니다. 이와 같이 귀를 기울이고 하나님께 듣는 것이 기도입니다.

하나님의 인도하심에 대한 다른 의견들이 존재합니다. 하나님은 개인의 삶에 대한 완벽한 계획을 가지고 계신다는 청사진 관점과 하나님께서 그리스도인들에게 부어 주시는 지혜에 초점을 맞춘 지혜 관점입니다. 서로 다른 관점에도 불구하고 필수적인 것은 하나의 응답, 즉 하나님의 목소리를 들을 수 있어야 하고 그 목소리에 응답할 수 있어야 합니다.

분별은 하나님과의 사귐이라는 원칙에서 시작합니다. 하나님과의 사귐은 친구로서의 하나님을 만나는 일이며, 분별에 대한 의미 있는 모델을 제공합니다. 사람이 잘 살아간다는 것은 잘 분별한다는 의미입니다. 잘 분별한다는 것은 하나님과의 사귐이 있다는 것입니다. 그리고 이런 분별력은 기도로부터 나옵니다. 일을 성취하는 것보다 사귐의 관계가 더 중요합니다. 하나님과의 사귐은 기도에서 시작되지만 상황과의 균형을 유지해야 하며 육체적·심리적 장애물을 제거해야만 바른 분별이 가능합니다. 우리는 중요한 결정의 순간에만 하나님의 뜻을 분별할 것이 아니라 매사에 하나님의 뜻을 분별하는 분별의 사람이 되어야 합니다. 분별은 영성입니다.

신앙과 지식

역사상 예수님을 메시야로 인정하지 않은 사람들이 많이 있었습니다. 예수님이 그리스도이심을 반대하는 사람은 성경이 하나님의 말씀인 것도 거부합니다. 뿐만 아니라 더욱 적극적으로 거부하며, 박해하고, 반기독교적인 저술을 남긴 사람들도 있습니다. 나아가서 현대에는 인터넷을 통하여 반기독교, 반그리스도 사이트를 개설하고 온갖 비난의 글과 영상들을 통하여 적극적으로 반대하는 사람들도 있습니다.

르낭의「예수의 생애」를 비롯한 여러 가지 회의적인 신앙서적을 접했던 한 할머니가 있었습니다. 그 할머니는 "나는 그리스도가 하나님이라는 사실이 믿어지지 않아요. 그리스도가 하나님이라면 내게 어떤 증거를 보여 주었어야 해요. 나는 진지하게 그분을 믿어 보려고 했거든요."라고 하였습니다. 그러나 사실 그 할머니는 전혀 믿으려 하지 않았습니다. 할머니는 자신의 지성을 만족시킬 사실들을 발견하고자 했을 뿐입니다.

참다운 신앙에는 지식만이 홀로 차지할 자리가 한 군데도 없습니다. 신앙이란 지식적으로 증명할 수 있는 것이 아니기 때문입니다. 진리이신 예수 그리스도는 이성적으로 알 수 있는 존재가 아니십니다. 우리가 누군가를 사랑한다면, 그 대상에 대해 수천 명의 주장도 단 하나의 증거를 만들어 내지 못하며 수천 명의 반대도 단 하나의 의심거리를 만들어 내지 못합니다.

지식과 신앙 사이에는 먼 거리가 있습니다. 개혁주의에서는 신앙을 지식과 동의와 신뢰라는 용어로 정의합니다. 지식은 신앙의 첫 단계이긴 하지만 지식이 신앙은 아닙니다. 그런 의미에서 신조와 믿음도 본질적인 차이가 있습니다. 윌리엄 블레이크는 신조를 가리켜 '정신이 만들어 낸 족쇄'라고 불렀습니다. 아브라함이 하란에서 가나안으로 가는 여행은 신조와 믿음의 간격을 뛰어넘는 이동이었습니다. 머리로 계산하고 이성적으로 판단하여 떠난 것이 아닙니다. 지식적으로는 수용할 수 없는 일이지만 단호하게 신조를 뛰어넘어 신앙의 땅에 발을 디뎠습니다. 그래서 우리는 아브라함을 위대한 신앙인이라고 합니다.

신앙은 지식의 총합이 아닙니다. 신앙은 경험의 집합이 아닙니다. 신앙은 삶의 처세술도 아닙니다. 신앙은 이 모든 것을 뛰어넘어 믿음으로 자신을 맡기는 행동입니다. 신앙은 생활방식이며 실제적인 삶을 통해서만 올바르게 구현될 수 있습니다. 신앙은 어떤 사람의 말이나 지식에 있지 않고 전적으로 신뢰하는 행동에 있습니다. 그래서 프랑스의 철학자 마리우스 블롱델은 "어떤 사람이 믿는 바가 무엇인지 이해하고 싶으면 그의 말에 귀를 기울이지 말고 그의 행동을 눈여겨보라."고 하였습니다.

논을 갈아 콩을 심는 마을

일전 어느 신문에 전라북도 어느 마을에서 콩잎을 따는 사진과 함께 기사가 실린 것을 본 적이 있습니다. 이 마을의 농지는 약간의 채소와 고추, 감나무 밭 등을 빼고는 온통 콩밭이라고 합니다. 이 마을 농가에서는 조상 대대로 내려오던 벼농사를 작파하고 논 3만 평에 콩을 심었습니다. 콩 농사는 쌀보다 50% 정도 소득이 높은 이점을 가지고 있으며 더구나 마을의 논 대부분이 모래 토양의 천수답(天水畓)이어서 벼보다는 콩 농사에 적합하기 때문입니다.

이 동네의 오랜 주민은 평생 지어 온 벼농사를 포기하자니 고민이 컸지만, 쌀은 기름진 김제 쌀을 사 먹기로 했다고 말하고 있었습니다. 요즘에는 콩잎을 따서 납품하는 재미도 있고, 가을이면 콩을 수확하는 기쁨도 있을 것입니다.

이 마을은 외부에서 물 한 방울 흘러들지 않는 고원으로, 지리적 여건을 고려하여 벼보다 콩을 택한 것입니다. 자연조건을 적극 활용하고 있는 것입니다. 그리고 콩의 재배 면적을 늘리되 전량 친환경, 유기농으로 재배하여 다른 콩들과 차별화한다는 구상도 세웠습니다. 콩을 재배하는 것뿐만 아니라 아예 청국장 공장까지 만들었습니다. 마침내 동네 이름을 따서 브랜드도 만들었습니다. 그리고 도시 사람들이 콩 수확과 청국장 만들기를 중심으로 농촌을 체험할 공간을 짓기 위해 땅도 사 뒀다고 합니다. 이런 적극적인 사고가 값진 성공 사례를 만들고 있는 것입니다.

콩은 단백질과 수분이 풍부한 웰빙 식품이라고 합니다. 콩은 우리의 전통 된장이나 두부를 만드는 재료로 사용됩니다. 그중 완두콩은 탄수화물, 단백질뿐만 아니라 비타민 A도 풍부하여 성장기 아이들에게 좋고 피부 미용에도 좋습니다. 미국의 권위 있는 건강전문월간지 「헬스」는 인터넷판 최근 기사에서 스페인산 올리브오일, 그리스 요구르트, 일본 두부 등의 콩 식품, 인도 렌틸콩, 한국의 김치를 세계 5대 건강음식으로 뽑았습니다. 5대 건강음식 중 2개가 콩입니다. 콩은 차세대에 세계적인 건강식품으로 자리 잡을 것이 분명합니다. 특히 발효식품이 포스트모던 시대의 식품인 것을 감안하면 콩을 발효한 청국장이나 된장이 미래의 중요 식품이 될 것은 분명해 보입니다.

이러한 때에 시골의 작은 마을에서 관습적인 전통을 과감하게 떨쳐버리고 새로운 발상으로 도전을 감행했다는 것은 가히 박수를 보낼 일입니다. 이와 같이 새로운 시대에는 미래를 보는 눈이 필요합니다. 그리고 미래를 향해 과감히 관습과 전통의 껍질을 깨는 도전이 필요합니다. 교회도 이 작은 마을에서 울려 퍼진 도전정신과 역발상을 조심스럽게 받아들여야 할 것입니다.

사회지능

'지능지수'는 오랫동안 인간의 삶과 성공에 중요한 요인으로 여겨져 왔습니다. 그러나 인간의 지능보다 감성이 인간을 좌우한다고 하여 '감성지수'가 중요한 요인으로 새롭게 떠오르고 있습니다. 또한 인간은 지능보다 자신의 일에 얼마나 노력하는가가 중요하다고 하여 '노력지수'를 말하기도 하고, 자신의 일에 대한 태도가 결정적 요인이라고 하여 '태도지수'를 주장하는 사람도 있습니다. 이런 가운데 최근에는 인간이 상호작용할 때에 일어나는 뇌의 변화를 연구하여 '사회지수'의 중요성이 대두되고 있습니다.

신생아들은 다른 아기의 울음소리를 들으면 따라 울기 시작합니다. 실제로 오래전 텔레비전에서는 이 실험을 위하여 신생아 여럿을 모아놓고 한 아기를 울게 하였습니다. 그러자 한 아기의 울음소리를 들은 다른 아기들도 따라 울기 시작하였습니다.

그러나 아기들은 자기 울음소리를 녹음하여 들려줄 경우에는 거의 울지 않는다고 합니다. 생후 14개월이 지난 아기들은 다른 아기가 울면 따라 울 뿐만 아니라 다른 아기가 아파하는 것을 느끼고 그것을 덜어 주려고 애를 씁니다. 이와 같이 다른 존재의 고통에 대하여 본능적으로 관심을 가지는 태도는 비단 인간에게뿐만 아니라 동물에게도 있다고 합니다.

  인간은 다른 사람의 고통을 보는 것만으로도 자신이 아픔을 느끼는 감정을 가진 존재입니다. 이런 신경회로를 가진 인간은 다른 사람의 감정에 전염되어 다른 사람의 아픔을 자신의 아픔으로 느낍니다. 감정의 상호작용은 다른 사람의 행복을 나의 행복으로 느끼게 하고, 다른 사람의 성취를 나의 성취로 기뻐하게 합니다. 인간이 서로 사회적으로 연결될 때 놀라운 일들이 일어납니다.

  인간의 사회지능은 하나님이 인간에게 주신 본성적인 것입니다. 인간성에는 사회지능이 있어서 서로의 감정이입을 통하여 함께 기뻐하고 함께 아파하도록 창조된 것입니다. 그러나 인간성의 파괴는 이런 본성적 사회지능을 상실하게 하였기 때문에 우리는 잃어버린 사회지능을 다시 찾는 작업을 해야 합니다. 죄로 말미암아 인간성이 파괴되었기에 이런 노력은 반드시 필요한 것입니다. 새로운 것은 새로운 것이 아니라 잃은 것을 되찾는 것에 불과합니다.

  존 웨슬리는 "사회의 거룩함 외에 거룩함이란 없다. 기독교를 개인의 종교로 만드는 것은 곧 기독교를 파괴하는 일이다."라고 하였습니다. 자기를 위하여 부를 축적하고 부를 제일로 삼는 사회는 자기 구원 사회입니다. 후진사회의 아픔을 외면하는 선진사회는 더 심한 질병을 앓고 있습니다. 기독교의 복음은 영적이며 동시에 사회적입니다. 그래서 성경은 "즐거워하는 자들과 함께 즐거워하고 우는 자들과 함께 울라"(롬 12 : 15)고 합니다. 성경대로 사는 것이 '사회지수'를 풍성하게 하는 최선의 방법입니다.

거실을 서재로

근래에 어느 신문사와 대한출판문화협회가 "거실을 서재로"라는 캠페인을 시작하였습니다. 회사에서 퇴근한 후, 그리고 주말에 습관적으로 텔레비전을 켜는 아빠들 때문에 아이들도 텔레비전 중독 증세를 보이고 있는 요즘, 이런 캠페인은 신선한 충격을 주었습니다. 아빠들뿐만 아니라 엄마들도 종일 텔레비전 드라마에 빠져 텔레비전과의 삶이 일과가 되어 버린 가정도 수없이 많습니다. 직장에서 지친 몸으로 퇴근하면 으레 소파에 누워 텔레비전 리모컨으로 여기저기 채널을 돌리는 아빠와, 아빠의 퇴근에도 아랑곳하지 않고 컴퓨터 게임에만 열중하는 아이들, 설거지 끝나기가 무섭게 텔레비전 드라마에 열중하는 엄마들…….

이런 가정의 거실을 서재로 꾸미는 일은 가정을 살리는 역할을 하게 될 것입니다. 거실 한가운데 버티고 있는 텔레비전과 게으름과 비만만 키우는 소파를 치우고 가족이 책과 만나고 책으로 가족이 만나게 하겠다는 것이 이 캠페인의 목적입니다. 이 캠페인을 주관하는 단체에서는 무료로 가정의 서재를 예쁘게 꾸며 주겠다고 하였습니다. 캠페인을 시작한 지 얼마 지나지 않아 신청이 쇄도하였고, 관심도 커졌습니다. 아울러 캠페인의 취지가 좋다며 후원하겠다는 기업과 단체도 늘어 갔습니다.

어느 건축가는 "한국의 집에는 중심이 없다."고 말했습니다. 서양 집에는 벽난로가 집의 중심입니다. 벽난로는 가족이나 손님이 둘러앉아 차를 마시며 대화하는 집의 중심입니다. 일본 집에는 다다미방이 있으며 그곳에 마련되어 있는 '도꼬노마'가 있어 이곳이 집의 중심이라고 합니다. 오래전 중국 전통 가정집을 방문한 적이 있습니다. 그곳에는 조상의 위패를 모시는 제단이 집 중앙에 있고 양쪽으로 방들이 날개처럼 있어 가족이 함께 살고 있었습니다. 이 제단이 집의 중심입니다. 그런데 우리나라에는 이런 집의 중심이라고 할 만한 것이 없다는 것입니다. 사랑채도 안채도 집의 중심은 아닙니다. 거실이 서재가 되어 서재가 우리들 집의 중심이 되었으면 합니다.

책을 읽는 백성은 망하지 않습니다. 유대인의 말에 이런 말이 있습니다. "만일 가난한 나머지 물건을 팔아야 한다면 우선 금, 보석, 집, 땅을 팔아라. 마지막까지라도 팔아서는 안 되는 것이 책이다." 유대인들 가운데는 학자들, 경제인들, 그리고 노벨상을 수상한 사람들이 유난히 많습니다. 그 이유는 유대인들이 책을 많이 읽었기 때문이라고 합니다. 유대인의 가정에서는 책을 침대의 발치에 두지 말고 머리맡에 두라는 말이 전해져 오고 있습니다. "거실을 서재로"라는 이 캠페인을 통해 거실이 서재가 되어 책이 사람을 만드는 좋은 계기가 되었으면 하는 바람입니다.

휘슬 블로어

기업이나 정부 기관에 근무하는 자로서 조직의 불법이나 내부 거래에 관한 정보를 제공하는 사람을 '휘슬 블로어'라 합니다. 문자적으로 말하면 '호루라기를 부는 사람'입니다. 경기에서 반칙하는 선수에게 심판이 호루라기를 불어 경고하는 데서 비롯된 말입니다. 우리나라에서는 이를 '내부 고발자' 또는 '밀고자'라고 부릅니다. 그리고 이러한 내부의 제보자는 조직의 배신자 혹은 고자질쟁이로 낙인찍히게 됩니다.

익명의 제보자를 '딥 스로우트'라고도 합니다. 이 말은 미국의 워터게이트 사건 때 사건의 전말을 「워싱턴 포스트」의 칼 번스타인, 밥 우드워드 기자에게 제공하여 닉슨 대통령을 물러나게 하고 끝내 얼굴을 드러내지 않았던 정보제공자의 암호명이었습니다. 이후 이 말은 내부 고발자 혹은 밀고자를 뜻하는 고유명사로 굳어졌습니다.

실제로 크고 작은 비리는 내부의 제보가 도화선이 된 경우가 많습니다. 그리고 내부의 제보 없이 은밀한 조직의 비리를 캐낸다는 것은 불가능합니다. 내부 제보는 기업이나 조직이 도덕성을 유지하고 자정하는 역할에도 도움을 주고 있습니다. 그런 의미에서 내부의 제보가 비리를 근절하고 조직의 도덕성을 향상시키는 데 상당한 역할을 한다고 볼 수 있습니다.

한편 내부 고발자가 조직 발전에 반드시 이로운 것만은 아닙니다. 허위 제보나 가정에 의한 제보로 말미암는 인격 훼손 등의 문제도 만만치 않게 발생합니다. 그러나 내부 제보와 신고가 조직 문제의 사전 예방과 해결에 도움이 되므로 회사 차원에서 내부 신고 제도를 양성화하는 곳도 있습니다. 우리나라에서도 내부의 비리를 폭로하는 정의로운 돌출을 감행한 경우도 있습니다. 그래서 미국에서는 '내부 고발자 보호법'을 추진 중이며, 우리나라의 '부패방지법'도 공공기관의 내부 고발자 보호에 대한 내용을 담고 있습니다.

이전에 모 교수의 가짜 박사 학위 사건이 일파만파로 퍼지고, 학자, 연예인, 방송인, 예술가 등으로 그 소동이 번진 적이 있습니다. 이 교수의 가짜 박사 학위와 더불어 사생활이 언론의 표적이 되어 '배후'에 대한 궁금증이 더해 갔습니다. 이런 때에 처음 이사회에서 이 교수의 가짜 학위에 대해 문제를 제기했던 한 스님은 자신이 '휘슬 블로어'라며 불만을 토로하기도 했습니다.

이미 외국에도 우리나라의 가짜 소동이 다 알려졌습니다. 호루라기를 너무 크게 불어 온 세계의 관중들이 다 듣게 된 것입니다. '휘슬 블로어'라면 호루라기를 분 책임도 있을 것입니다. 사실을 밝혀내고 가짜를 근절하는 일이 그것입니다. 차제에 한국 교회 안에서도 누군가가 호루라기를 크게 불어 가짜가 없는 진실하고 투명한 교회가 되었으면 좋겠습니다.

회의 때문에

　최근 읽은 어느 신문에서는 직장인 10명 중 7명이 회의 때문에 심한 스트레스를 받고 있다고 했습니다. 어느 조사 기관에서 회의문화에 대해 설문조사한 결과, 전체 응답자의 70.7%가 회의 때문에 스트레스를 받는다고 응답하였다는 것입니다. 회의가 스트레스의 주요인이 되는 것은 소수의 독단적 결정이 이루어질 것이 뻔한 회의에 억지로 참석하기 때문이라는 답이 다수였습니다. 그 외에도 좋은 의견을 내야 한다는 압박감, 길어지는 시간, 회의를 위한 준비, 자신의 의견에 딴지를 거는 상사에 대한 짜증 등이 스트레스의 요인들이었습니다.
　일반적으로 직장인들은 일주일에 1~2회의 회의가 있다고 합니다. 회의의 소요 시간은 30분 내지 1시간이 가장 많습니다. 회의문화의 가장 큰 문제는 시간만 길어지고 적절한 결론이 나지 않는다는 것입니다. 거의 모든 조직에서 이루어지는 회의는 그 내용과 진행 방법이 유사한 것 같습니다. 그래서 회의(會議)에 대한 회의(懷疑)는 모든 조직의 하층에서 심화되고 있는 것입니다.
　망하는 기업의 일반적 특징은 다음과 같다고 합니다. 화장실이 더럽고, 사내가 지저분하고, 정리 정돈이 엉망이라고 합니다. 깨진 유리창을 방치하고, 직원들은 한결같이 불친절하고, 상하 위계질서가 없고, 임원교체가 빈번하고, 사장은 툭하면 외출하고 자리를 비운다고 합니다. 그리고 이런 회사의 공통적인 특징은 잦은 마라톤 회의 때문에 쓸모없이 시간을 낭비해 버린다는 것입니다. 방해와 비효율적인 회의는 시간을 낭비하고 직원들에게 스트레스를 주며 생산성을 떨어뜨리는 주요인입니다. 회의는 필요하지만 효율적으로 시간과 내용을 관리해야 합니다.

인간의 이성과 감성의 작용은 시간대에 따라서 다르게 나타납니다. 인간의 생체 리듬에 의하면 머리를 쓰는 일은 오전에, 감정 교류에 필요한 일은 저녁에 하는 것이 좋습니다. 오전 시간은 이성의 시간대입니다. 오전 중의 회의는 밀도가 높습니다. 그러나 오후의 회의는 그 밀도가 오전에 비하여 떨어집니다. 저녁 시간은 이른바 감성의 시간대라고 합니다. 오후의 회의는 신경을 늦추지 않고 의제에 집중해야 그 효과를 높일 수 있습니다.

교회의 회의도 예외가 아닙니다. 교회 역사에서 중요하고 유익한 회의도 많이 있었지만 회의가 오히려 영적 삶에 방해가 되기도 했습니다. 최근 어느 자료에 의하면 '교회 쇠퇴 신드롬' 가운데 첫 번째가 '회의를 예배보다 소중하게 생각한다.'는 것이었습니다. 교회가 예배보다 회의에 집중하게 되면 교회는 쇠퇴하게 됩니다. 교회의 회의는 성령님께서 이 시간 우리 교회에 말씀하시는 것에 귀를 기울이는 시간이어야 합니다. 그런 의미에서 교회의 회의는 말하는 시간이 아니라 말씀을 듣는 시간입니다. 교회는 회의 때문에 기쁘고, 회의 때문에 평안하고, 회의 때문에 잘되어야 합니다.

이름 효과

"사람은 그 이름대로 된다."는 말이 있습니다. 실제로 이름은 그 사람의 모습, 인격, 삶 등을 가리킵니다. 우리 옛말에도 "얼굴 보고 이름 짓자."는 말이 있습니다. 이름의 의미는 그 사람의 외모까지 포함하고 있습니다.

최근 우리나라의 트렌드는 의미 있는 이름보다 부르기 쉬운 예쁜 이름을 선호하고 있습니다. 특히 한글로 된 예쁜 이름을 좋아하는 듯합니다. 남자 이름에는 가문의 대를 잇는다는 의미에서 항렬과 돌림자를 많이 따졌지만 이제는 항렬과 관계없이 부르기 쉽고 듣기 좋은 이름을 많이 짓고 있습니다.

얼마 전 신문에는 이름에 관한 재미있는 기사가 있었습니다. 소위 '이름 효과'라는 것을 소개한 것입니다. 학생들의 이름 가운데 C나 D로 시작하는 이름을 가진 학생은 A나 B로 시작하는 이름을 가진 학생보다 낮은 학점을 받을 확률이 높다고 합니다. K로 시작하는 이름을 가진 메이저리그 선수는 삼진 아웃을 당할 확률이 높다고 합니다. 이름이 행동을 결정한다는 것이 '이름 효과'의 요지입니다.

조지프 시몬스 예일대 심리학과 교수와 레프 넬슨 캘리포니아주립대 샌디에이고 캠퍼스 심리학과 조교수가 지난 5년간 메이저리그 선수 6,398명, 경영대학원 과정을 밟고 있는 학생 15,000명 등 총 5개 집단에 대한 연구를 통해 '이름 효과'를 증명하였습니다. '이름 효과'에 따르면 톰이란 이름을 가진 사람은 토요타 차를 타고 토론토에 살 가능성이 높고, 데니스라는 이름을 가진 사람은 치과의사가 될 확률이 높습니다. '이름 효과'는 무의식적으로 중요한 결정을 내릴 때마다 자신의 의지와는 관계없는 행동을 하는 것을 의미합니다.

성경의 인물은 누구보다도 그 이름이 그의 출생과 삶의 목적과 깊은 관계가 있습니다. 야곱의 아들들이 태어났을 때 그들의 이름은 출생 환경에서 주는 의미를 간직하는 이름들이었습니다. 특히 구약의 이름들은 의미 없는 이름이 없습니다. 모든 이름은 의미를 가지고 있고 이름대로 된다고 하는 확신을 가지고 있는 것이 유대인의 이름에 대한 철학입니다. 그러나 최근에는 이런 이름에 대한 의미도 상실되었습니다. 서양인들의 이름에는 성경에 나오는 인물들의 이름이 많습니다. 그런데 그 이름에 전혀 어울리지 않는 삶을 사는 사람들이 너무 많습니다. '피터'나 '존'이라는 이름을 가진 악당이 참으로 많습니다.

이름은 인격입니다. 그래서 우리는 어른들의 함자를 함부로 부르지 않습니다. 우리가 이름을 훼손하지 않는 것은 그 사람의 형상이 그 이름에 있기 때문입니다. 우리의 이름은 우리 자신입니다. 우리의 이름을 통하여 우리 자신의 삶이 거룩하게 증거될 수 있도록 하는 것도 우리의 사명입니다.

정치 동물

　오래전, 미국에서 공부하면서 목회할 기회가 있었습니다. 제법 자리 잡힌 이민교회였는데 지금 생각하면 참 미숙했지만 사랑받으며 재미있게 섬겼던 기억이 납니다. 그 당시 교회에는 일류 대학에서 박사학위 과정을 공부하던 명석한 청년들이 많이 출석하였습니다. 당시의 청년들은 지금 한국과 미국에서 교수가 되거나 다들 자신의 몫을 잘 감당하고 있습니다.
　그때 저는 청년들에게 비전을 불어넣어 이민사회뿐만 아니라 미국 사회를 한번 뒤집어 놓고 싶은 꿈을 가졌습니다. 그래서 청년들에게 늘 강하게 요청하던 것이 있었습니다. 자신들의 앞가림을 하기 위해 우선 취직하고 돈 벌기에 좋은 전공을 선택하지 말고 미국과 세계를 바꿀 수 있는 힘을 키우기 위하여 전공을 선택하라고 하였습니다. 짧은 경험으로 그들에게 권한 전공은 두 가지였습니다. 하나는 정치학이고 다른 하나는 언론학이었습니다. 미국의 정치는 세계를 흔듭니다. 그래서 바른 정치는 미국과 세계를 바꿀 수 있는 도구가 된다고 생각하였습니다. 언론도 정치에 못지않게 큰 힘을 가지고 있습니다. 미국의 유명한 방송인들, 특히 시사 토크쇼를 이끄는 앵커들 가운데는 유대인이 많이 있습니다. 잘 알려진 래리 킹도 유대인이며, ABC의

'나이트 라인'을 사회하는 테드 코플 또한 유대인입니다. 이들은 마이크 앞에서 미국의 여론을 완전히 이스라엘에 유리하게 돌려놓은 엄청난 힘을 발휘한 자들입니다.

미국의 「뉴욕타임스」에서는 코끼리, 늑대, 붉은털원숭이, 돌고래 등은 인간보다 더 정치적인 동물이라는 연구결과가 나왔다고 보도한 적이 있습니다. 동물들은 정치적 힘을 발휘하여 침략자로부터 종족을 보호하고, 주거공간을 확보하고, 원활한 짝짓기를 하기 위하여 지도자를 검증해 세우고 전체 구성원에게 적절한 위계질서를 부여하며 지도자가 바른 역할을 수행하지 못할 경우 추방하는 절차까지 갖추고 있다고 합니다. 붉은털원숭이 사회는 군주제의 질서를 가지고 있으며, 코끼리는 가장 정밀한 정치 형태의 조직망을 가지고 있고, 늑대는 위계질서가 확고한 사회를 가지고 있지만 지도자가 난폭한 독재자일 경우에는 쿠데타를 일으켜 지도자를 내쫓고 바꾸기까지 합니다.

인간의 삶은 그 자체가 정치라고 할 수 있습니다. 사람은 태어나서부터 정치를 배우고 관계 속에서 자신의 위치를 확보하는 정치적인 동물입니다. 정치는 삶이고, 인간의 삶의 향상에 큰 영향을 주고 있습니다. 좋은 정치 지도자가 국가와 개인의 삶에 절대적 영향을 주는 것은 모두가 아는 사실입니다. 좋은 정치, 좋은 정치가를 만들어 가는 것도 자신의 삶을 풍성하게 하는 한 방편입니다. 교회는 인간의 삶의 질 향상을 위해 이러한 일에도 관심을 가져야 합니다.

세계 1위

미래학자들은 여러 가지 이유에서 한국이 21세기에 세계 으뜸국가가 될 것이라고 전망합니다. 특히 「강대국의 흥망」, 「21세기 준비」 등을 저술한 예일대학교의 폴 케네디 교수는 한국이 21세기에 세계 일류국가가 되지 않으면 안 될 5가지 이유를 설명합니다. 첫째는 한국의 독창적 문화입니다. 21세기는 문화의 세기입니다. 한국은 세계 어느 민족도 흉내 낼 수 없는 문화를 가지고 있습니다. 우리 문화의 뿌리는 한(恨)인데 이는 우리 민족만이 가지고 있는 정서입니다. 둘째는 한국의 가정 중심주의입니다. 한국은 가정을 중심으로 사회가 구성되어 있습니다. 그래서 명절에는 반드시 고향에 가야 합니다. 그리고 이러한 한국 가정의 핵심은 어머니라고 합니다. 셋째는 한국인의 교육열입니다. 우리는 굉장히 공부를 많이 합니다. 학력수준도 우리나라만큼 높은 나라가 그리 많지 않습니다. 교육은 미래에 대한 투자이므로 우리나라의 미래가 유망하다는 것입니다. 넷째는 한국 젊은이들의 엘리트 정신이라고 하였습니다. 젊은이들이 가지는 엘리트 의식은 미래의 희망입니다. 그리고 다섯째는 한국인의 창업정신이라고 하였습니다. 한국인은 창업정신이 대단합니다. 매달 창업하는 크고 작은 기업이 대단히 많습니다.

우리나라의 수출을 주도하는 세계 일류상품 중 세계 시장 점유율 1위를 차지한 품목이 120개가 넘었습니다. 그중 메모리 반도체가 세계시장의 45%, 박막액정화면이 47%, 액화천연가스 운반선이 63%, 선박형 디젤엔진이 59.6%를 점유하는 등 121개 품목이 1위였습니다. 대기업이 생산하는 위의 품목들 외에 중소기업이 생산하는 것들 가운데 오토바이용 헬멧이 32%, 사이클용 신발이 31%를 점유하는 등 세계 시장 점유율 1위를 고수하고 있습니다. 우리 경제와 기술력이 불과 수십 년 사이에 세계 최고의 수준이 된 것을 자랑스럽게 생각합니다.

그러나 이 외에 부끄러운 1위도 많습니다. 교통사고 사망률, 남성흡연율과 청소년의 흡연율, 온실가스 증가율, 낙태율, 인구비 여관수, 인구비 술집수가 세계 1위입니다. 그 외에도 자랑스럽지 못한 세계 1위가 많이 있습니다.

교회의 관심은 우리 사회의 문화를 기독교적으로 변화시키는 데 있습니다. 우리나라는 종교다원사회로서 사회 안에 많은 교회와 성도를 가지고 있습니다. 기독교 복음은 역기능적인 사회의 문화를 순기능적으로 변화시키는 힘을 가지고 있으며, 변화시켜야 하는 책임을 가지고 있습니다. 교회와 성도들이 제 역할을 다하여 부끄러운 1위에서 내려와 자랑스러운 1위를 만들어야 할 것입니다.

배려하는 말

언어학자들에 따르면 사람들은 보통 하루에 14,000단어를 말한다고 합니다. 우리가 하는 많은 말은 우리가 선택한 우리의 인격입니다. 언어는 문화의 지표이기도 합니다. 우리의 말에는 우리 집단과 개인의 문화가 녹아 있습니다. 우리의 삶이 신성하다면 우리의 언어도 신성합니다. 그렇지만 우리 사회에는 신성하지 못한 말을 함부로 내뱉는 사람들이 너무 많습니다.

말은 살아 있으며 결코 죽지 않습니다. 말은 실체가 있는 사물입니다. 말은 사람의 몸속으로 들어가 건강하게 하고, 희망적으로 만들고, 행복하게 하고, 에너지를 갖게 하고, 그리고 명랑하게 합니다. 때로는 말이 사람의 몸속으로 들어가 의기소침하게 만들고, 우울하게 하고, 화나게 하고, 마침내는 아프게 하기까지 합니다.

우리는 입으로 들어가는 것들을 스스로 선택합니다. 먹는 음식을 선택하고 마시는 음료를 선택합니다. 뿐만 아니라 그 입으로 나오는 모든 것도 우리가 선택합니다. 우리가 사용하는 말 또한 무의식적으로 선택합니다. 우리가 사용할 수 있는 수많은 단어 속을 헤집고 있는 것입니다. 우리가 말을 지혜롭게 선택하는 것만으로도 우리는 말이 지배하는 힘을 깨닫게 됩니다.

사람들이 가장 듣고 싶어 하는 말은 '정중한', '공손한', '예의 바른', '친절한', '사려 깊은', '우아한', '점잖은' 등의 말이라고 합니다. 반면에 가장 듣기 싫어하는 말은 '무례한', '버릇없는', '거친', '상스러운', '불결한', '성난', '비열한' 등의 말입니다. 좋은 말 한 마디로 인생이 바뀔 수 있습니다. 말을 바꾸는 것만으로도 인생이 바뀝니다. 말에도 명품이 있습니다.

근래 우리 사회는 고품격의 언어가 무너진 사회로 전락하였습니다. 마구 내뱉는 상스러운 말들이 무성하게 자라고 있습니다. 즉흥적 배설로 타인의 인격에 상처를 주는 일을 예사로 하고 있습니다. 비난과 야유의 댓글들이 인터넷을 채우고 있습니다. 눈을 감고 텔레비전 드라마의 대화를 들으면 마치 모두가 분노에 찬 폭발 직전의 화산 같습니다. 막가는 말과 품격 없는 언어들이 공중파를 타고 우리 주변을 가득 채우고 있습니다.

말은 하나님이 인간에게 주신 생명이며 특권입니다. 피조물 가운데 어떤 동물도 말 때문에 상처를 받거나 서로 싸우고 죽이는 일은 없습니다. 사람은 말로 싸우고 말 때문에 싸우고 말 때문에 죽이고 죽습니다. 말은 배설하는 도구가 아니라 배려하는 도구입니다. 아무것도 할 수 없고, 아무것도 줄 수 없어도 말은 전달될 수 있고 말로 배려할 수 있습니다. 웃음과 유머, 긍정과 칭찬을 담은 말이 배려하는 말입니다. 배려하는 말이 많은 사람이 성공하며, 배려하는 말을 하는 사람들이 많은 사회가 따뜻하며, 이런 나라가 잘되는 것은 당연한 이치입니다.

자존심

오래전 보릿고개가 있던 시절, 끼니 걱정을 해야 할 때의 이야기입니다. 어느 어린 소학교 아이가 이따금씩 친구 집에 놀러 갔습니다. 이 아이는 가난한 소농의 아들이었고, 친구는 천석꾼인 부잣집의 아들이었습니다. 이 두 아이는 같은 학교에 다니며 친하게 지냈습니다. 가난한 집 아이는 공부를 잘했고 부잣집 아이는 공부를 잘 못했기에 공부 때문에 가난한 집 아이는 부잣집에 자주 놀러 갈 수 있었습니다. 그런데 어느 날 오후 배가 출출한 시간에 가난한 집 아이가 부잣집에 놀러 갔습니다. 어머니는 맛있는 간식들을 내오며 "어디, 너희 집에서 이런 것 먹어 봤겠어?" 하면서 떡과 식혜를 주었습니다. 이 가난한 아이는 그 어머니에게 "우리 집에도 이런 것 있습니다. 많이 먹습니다." 라고 말하고는 먹고 싶은 것을 참아 가며 간식에 손도 대지 않았답니다. 제가 잘 아는 어느 은퇴하신 목사님이 자신의 어린 시절 일이라며 직접 들려주신 이야기입니다. 그날은 자존심이 상해서 도저히 먹을 수가 없었다고 하셨습니다.

자존심은 누구에게나 있습니다. 자존심은 성숙한 인격을 대변하기도 하고, 정체성이기도 합니다. 요즘은 '존심' 혹은 '쫀심'이라고도 말합니다. 인간은 누구나 자존심을 보존하려고 하는 본능을 가지고 있습니다. 마지막 자존심을 상하게 하면 누구나 무엇을 빼앗긴 것보다 더 심한 마음의 충격을 받기도 하고 그것이 마음의 병이 되기도 합니다.

자존심의 형태는 사람마다 다릅니다. 가르치는 선생은 가르치는 실력이 없다는 말에 자존심이 상합니다. 전문인은 자기 분야의 전문성이 결여되었다는 말에 자존심이 상합니다. 목사는 영성이 떨어지고 거짓말을 한다는 말에 자존심이 상합니다. 그 외에도 키가 작은 사람에게 키를 이야기하거나 신체 부위의 약점을 가지고 있는 사람에게 그것을 꼬집을 때 그것이 사실이라고 할지라도 자존심이 상하게 됩니다. 사실이지만 자존심을 상하게 하는 것은, 심하게는 그 사람을 죽이는 것이나 마찬가지인 결과를 가지고 올 때도 있습니다.

엘리엇은 "이 세상의 악의 절반은 자존을 원하는 사람들에 의해서 행해진다."고 하였습니다. 그들은 고의로 해를 끼치는 것이 아니라 자존을 위한 끝없는 싸움에 휩싸여 있습니다. 자존감이 떨어지게 하는 것은 그 사람의 능력을 말살하는 것입니다. 자존감이 높은 사람은 낮은 사람보다 더 크게 성공하고 많은 돈을 번다는 사실은 이미 알려진 사실입니다. 인간은 누구나 자존감을 보호받을 권리가 있습니다. 타인의 자존감을 인정하는 것은 자신의 자존감을 높이는 일이 될 수도 있습니다. 그리스도를 존중하는 마음으로 자신의 자존감뿐만 아니라 타인의 자존감을 높이는 것은 공동체의 책임입니다.

정열   환희   분별   **성장**   활기   하나 됨   생기

제4장
성 장

growth

'성장'이 가진 색은 초록입니다.

초록은 조화와 균형을 의미하며
성장과 깨끗함을 담고 있습니다.

#성장

**사람이나
동식물 따위가 자라서
점점 커짐**

우리 교회에서 흘러나오는 작은 물이 주위와 온 지경을 살리는 생명의 물이 되기를 바랍니다. 새벽을 깨우는 기도의 물결이 세상을 살리는 물오름이면 좋겠습니다. 우리 교회의 문지방에서 흘러나오는 작은 물줄기가 영혼의 허리에 오르고 바다를 이루는 생명이면 좋겠습니다. 이 물이 생물이 번성하고 영혼이 소생하고 사회가 윤택해지는 큰 바다를 이루기를 기대합니다.

변화를 기대하는 비전가

새해에는 누구나 새로움을 기대합니다. 무엇인가 새로운 결심을 하고 반드시 한두 가지의 새로운 일을 시작합니다. 그러나 얼마쯤 시간이 흐르면 별로 달라진 것이 없이 옛 생활로 돌아가 있는 자신을 발견하게 됩니다. '새롭게 함'으로 번역되는 헬라어 '아나카이노스'는 사고의 중대한 개혁을 암시합니다. 사고의 중대한 개혁이 없이는 새롭게 될 수 없다는 말입니다.

실제로 해 아래 새것이란 없습니다. 모든 것이 이미 존재하던 것이고 새롭게 시도하는 것도 이미 세상에서 이루어지고 있던 일들입니다. 새로운 것들이라고 하지만 이미 존재하고 시도했던 것들입니다. 특히 사람의 근본적인 삶의 형태는 예나 지금이나 변한 게 없습니다. 그래서 옛 사람의 삶에서 오늘과 내일의 삶의 지혜를 배울 수 있는 것입니다. 구약성경에 나타난 사람들의 삶의 모습이 현재 우리의 모습과 어찌 그리 닮았는지 신기할 뿐입니다.

우리에게 필요한 것은 새로운 경기가 아니라 새로운 작전입니다. 단지 포지션 변경뿐만이 아닌 새로운 선수가 필요합니다. 그리고 그 선수는 날마다 새로운 사고를 하며 새로운 시도를 겁내지 않는 비전을 가진 사람이어야 합니다. 비전을 가진 사람은 미래를 내다보는 사람이라기보다 주변을 하나님의 시각으로 바라보고 현재의 삶을 있는 그대로, 지금 우리와 함께하시는 하나님을 하나님 그대로 볼 수 있는 사람들입니다. 미래의 징후가 아니라 시대의 징후를 읽을 수 있는 사람입니다.

이런 말이 있습니다. "손톱은 새로 나면서 이전 것을 밀어내는 법이다." 새로움을 수용하기 위해서는 지나간 것들을 과감하게 버릴 수 있는 용기가 필요합니다. 그래서 비전을 가진 사람들은 버리기 아쉬운 것들까지도 버릴 줄 압니다. 버리지 않으면 새로움을 담을 수 있는 사고의 공간을 얻지 못하기 때문입니다.

마거릿 미드가 말한 대로 위대한 과학자는 새로운 영역을 두려워하지 않습니다. 뛰어난 비전가는 고정관념에 사로잡히지 않습니다. 고정관념에 사로잡히지 않기 때문에 항상 새로운 발상이 떠오릅니다. 가능성에 대하여 항상 마음이 활짝 열려 있습니다. 변화를 기대하고, 바랍니다. 새 아침이 밝기를 간절히 고대하는 미래지향적인 사람입니다.

지금 세계는 2초마다 하나씩 홈페이지가 생기고, 30초마다 하나씩 새로운 상품이 등장합니다. 세상의 지식은 18개월마다 두 배씩 증가하고 있고, 과거 5,000년 동안 쌓인 정보보다 지난 30년 동안 축적된 정보의 양이 더 많습니다. 이러한 변화의 속도는 더 빨라질 것입니다. 변화를 기대하고, 미래지향적인 태도로 살아가는 사람, 하나님의 눈으로 시대를 읽을 수 있는 사람, 그러한 비전가로 살아갑시다.

리더와 관리자

존 맥스웰의 책에서 읽은 한 부분을 소개합니다. 그는 리더와 관리자의 차이점을 다음과 같이 말합니다. 리더는 사람들을 따라오도록 영향을 주는 데 반하여 관리자는 조직을 유지하고 운영하는 데 초점을 맞춘다는 것입니다. 어떤 사람이 관리자인지 지도자인지를 판단할 수 있는 기준은 그가 적극적인 변화를 창출할 수 있는 사람인지를 보는 것입니다. 관리자는 방향은 유지하지만 변화를 주지는 못하는 사람입니다. 사람들을 새로운 방향으로 움직이게 하기 위해서는 영향력이 필요합니다.

리더가 가장 먼저 해야 할 일은 현실을 파악하는 것이며, 변화를 정확하게 예측하는 것입니다. 변화를 싫어하는 많은 사람들은 실패합니다. 대부분의 실패자들은 일상생활을 바꾸지 않으므로 인생이 변하지 않습니다. 톨스토이도 "모든 사람들은 인간이 변화되어야 한다는 것을 생각하고 있으나 자기 자신이 변화되어야 한다는 것은 생각하지 않는다."고 했습니다.

데일 도튼은 그의 책 「타고난 보스」에서 훌륭한 직원이 바라고 훌륭한 보스가 기대하는 것은 바로 변화라고 하였습니다. 이 사람들은 새 아침이 밝기를 간절히 고대하는 미래지향적인 사람들입니다. 이러한 변화에 대한 기대감이 있고 두려움을 이기는 자들만이 훌륭한 리더가 될 수 있는 것입니다. 그런 의미에서 성공적인 리더는 배우는 자입니다. 그리고 배우는 과정은 언제나 현재진행형이며, 자기 훈련과 인내의 결과입니다. 리더는 우선 자기 자신을 이끄는 자가 되어야 합니다. 이것을 셀프 리더십이라고 합니다. 성공적이고 지속적인 리더십은 반드시 성공적인 셀프 리더십의 기초 위에 세워져야 합니다.

교회의 영적 리더들에게는 셀프 리더십의 기술을 마스터하는 것이 무엇보다 중요합니다. 현재의 흐름은 어느 분야의 리더십이든지 그 리더십을 영적인 활동으로 이야기하는 경향이 있습니다. 리더십은 영적으로 이끌어 주는 기술이며, 영적인 변화를 추구하는 힘입니다. 셀프 리더십은 결국 개인의 영혼 관리에서 비롯된다고 할 수 있습니다. 개인의 영혼이 끊임없는 변화를 추구해야 하며, 날마다 성장해야 진정한 리더가 될 수 있는 것입니다.

시시각각으로 변화하는 시대에서는 변화하지 않으면 도태됩니다. 교회는 사회에 끌려가는 기관이 아니라 사회를 이끌어야 할 생명체입니다. 그러므로 교회는 변화의 주체가 되어야 하며 영혼을 변화시키는 힘을 가져야 합니다. 크리스천은 누구나 리더입니다. 영혼을 변화시키는 리더가 되어야 합니다. 교회가 요구하는 인물은 관리자가 아니라 리더입니다. 우리 모두는 누군가를 변화시키기 위하여 창조되었습니다.

지구의 자원

어느 사막의 둥근 천막에 두 명의 보석상인이 들어섰습니다. 두 상인은 자신들이 소유한 보석에 대해 은근히 과시했습니다. 한 상인이 일부러 큰 진주 하나를 떨어뜨리자 그것을 주운 다른 상인이 "내가 가지고 있는 것 중 아주 작은 일부에 지나지 않는다."고 말했습니다. 그때 아랍 유목민이 웃으며 말했습니다. "나 역시 당신들처럼 보석의 소유와 매매에 관심이 많았죠. 어느 날 사막 한가운데서 모래바람을 만나 며칠 동안 아무것도 먹지 못하고 탈진상태에 빠져 있었습니다. 그러던 중 큰 주머니를 발견하고 혹시 음식이라도 들어 있지 않을까 기대하며 열었는데 진주만 가득했습니다. 그때의 절망감이란 이루 말할 수 없었지요."

이 이야기처럼 먹는 것보다 더 중요한 것은 없습니다. 먹는 것은 생존의 문제와 직결됩니다. 특히 유대인에게는 먹는 것이 큰 문제였습니다. 성경은 기근에 대한 이야기를 많이 담고 있습니다. 아브라함과 이삭, 야곱과 요셉 모두 다 기근을 당했습니다. 예수님 당시에도 먹는 문제는 심각한 과제였으므로 보리떡 다섯 개와 물고기 두 마리로 오천 명을 먹이신 기적은 예수님이 메시야 되신다는 것을 많은 사람들이 믿게 하였습니다. 사람들에게는 메시야가 오면 실컷 먹게 될 것이라는 기대가 있었습니다. 먹는 것뿐만 아니라 마시는 것도 마찬가지 문제입니다. 유대 지역은 비가 적게 오기 때문에 물이 모자라는 지방입니다. 그래서 우물은 중요한 생존 수단이었고 샘을 파서 물이 나는 것은 하나님의 은총이었습니다.

이렇듯 유대인들에게 먹는 것과 마시는 것은 항상 염려거리였습니다. 그래서 예수님은 "무엇을 먹을까 무엇을 마실까 염려하지 말라."고 하신 것입니다.

인류의 삶의 터전인 지구는 원래 120억의 인구가 살기에 충분한 자원을 가지고 있다고 합니다. 120억의 인구가 함께 먹고 누리기에 충분한 식량과 물을 생산해 낼 수 있는 곳이 지구입니다. 그러나 함께 누리는 법을 잃어버린 인류는 파괴하고, 지배하고, 과욕으로 빼앗고, 어떤 이는 너무 많이 차지하고 어떤 이는 너무 적게 가짐으로 120억 중 절반의 사람들이 먹지 못하고 마시지 못하며 허덕이고 살고 있는 것입니다.

얼마 전 신문에서는 세계 식량 위기가 다가온다고 보도를 하였습니다. 이 위기를 극복할 수 있는 방법은 간단합니다. 온 인류가 함께 사랑으로 나누고 서로를 보살피면 지구는 모든 인류에게 골고루 꼭 필요한 것들을 공급할 것입니다.

아이스필리아

 에드워드 윌슨은 자연계와의 친화력을 바이오필리아라고 불렀습니다. 사람들 누구에게나 이 자연계와의 친화력이 있습니다. 자연과 친화하고자 하는 본능을 가지고 있으며 자연과 친화하면 평화를 누리게 된다는 것입니다. 자연과 친화하지 못하고 거스르면 결국 무질서하고 불의하고 심적인 만족이 없어지게 마련입니다. 이것이 하나님이 만드신 인간의 마음입니다.
 에덴은 완벽한 생태계였습니다. 하나님께서 보실 때에 심히 좋으셨던 곳이 바로 지금 우리가 사는 이 땅입니다. 그러나 죄는 인간과 더불어 하나님이 지으신 환경을 동반오염시켰습니다. 지구상에서 하루 평균 130여 종의 생물이 사라지고 있는 것으로 추정된다고 합니다. 현재 1,400만 종의 동식물 가운데 12,000종이 멸종 위기에 처해 있습니다. 유엔환경계획(UNEP)의 자료에 의하면 앞으로 50년 내에 동식물 4분의 1이 멸종될 것이라고 합니다.
 지구온난화는 환경 파괴의 주범입니다. 이산화탄소 과다 배출과 온실가스의 증가가 지구온난화의 원인입니다. 지구 표면의 온도는 기준 온도로 사용되는 1961~1990년의 평균 온도보다 0.5도 높아졌습니다. 이로 인해 생태계에 치명적인 결과를 초래하여 폭설, 폭우, 태풍,

한발 등 재해가 끊임없이 발생하고 있습니다. 지구온난화는 10년 뒤, 전 세계에 대재앙을 불러올 것이 분명합니다.

이런 지구적인 환경의 변화는 먼 나라 이야기가 아닙니다. 최근 몇 년 동안의 자연 재해는 해가 갈수록 심해지고 있습니다. 여름의 게릴라성 폭우나 겨울의 호남지역의 폭설도 우리가 그 영향권에 들어서 있다는 증거입니다. 서울 지역의 계절 변화를 보면 봄과 여름은 길어지고, 가을과 겨울은 짧아집니다. 가을과 겨울이 지난 70년 사이에 31일이 짧아졌습니다. 100년 후의 한국은 겨울이 사라지고 아열대 기후가 될 것이라고 합니다.

텔레비전에서 산채 같은 북극의 빙하가 녹아 바닷물에 떨어지는 광경을 본 적이 있습니다. 크루즈 관광객들은 자연의 절경을 보았다며 환호하고 좋아했지만 사실은 가슴을 치며 슬퍼해야 할 일입니다. 빙하가 녹지 않아야 지구가 건강한 것이고, 지구가 건강해야 우리가 건강한 것입니다.

최근 100년간 해수면이 23센티미터 상승하였습니다. 빙하와 만년설이 녹아 지구의 높낮이가 달라지고, 바닷물이 싱거워지고, 섬이 생겨나고, 사막은 넓어집니다. 2100년이 되면 지구의 온도가 4.8도나 상승할 것이라고 합니다. 지구의 온도가 3도만 상승해도 사람이 살지 못할 것이라고 하는데 5도 가까이 오르면 이미 생명체는 사라진 뒤일지도 모릅니다. 빙하를 보호하고, 만년설을 잘 가꾸는 것이 인간의 행복을 유지하는 길입니다. 빙하친화적인 '아이스필리아'는 지구를 지키고 인류를 행복하게 하는 우리의 지혜입니다.

생선 찬가

물고기는 성경적 의미가 풍부한 생물입니다. 물고기란 말의 헬라어는 '익투스' 인데 '예수 그리스도 하나님 아들 구세주' 란 말의 첫 자를 붙여 놓으면 '익투스' 가 됩니다. 카타콤에 은거하던 초기 그리스도인들은 서로가 예수 그리스도를 구세주로 고백하는 의미로 물고기를 암호로 사용하였습니다.

물고기는 예수님의 사역과도 깊은 관계가 있습니다. 베드로가 밤새 한 마리의 고기도 잡지 못한 날에 예수님은 베드로에게 많은 고기를 잡게 하셨습니다. 한 아이가 가지고 온 보리떡 다섯 개와 물고기 두 마리를 가지고 오천 명을 먹이신 기적을 베푸셨습니다. 부활하신 다음 갈릴리 호수에 오셔서 제자들에게 "고기가 있느냐?" 하시며 제자들과 함께 고기를 잡수셨습니다.

예수님의 식습관을 따르는 것은 날씬한 몸매와 건강을 지키는 길이라고도 합니다. 예수님의 음식은 밀떡과 포도주였습니다. 지중해식 음식을 드신 것입니다. 밀떡, 생선, 포도주, 올리브유는 귀한 음식입니다. 더구나 물고기는 여러 가지 의미에서 웰빙 식품으로 알려져 있습니다.

특히 등 푸른 생선은 최고의 식품으로 알려져 있습니다. 에스키모인들은 동맥경화와 심장병에 거의 걸리지 않습니다. 그 이유는 고등어, 정어리, 꽁치와 같은 등 푸른 생선을 많이 먹기 때문입니다. 생선기름은 혈소판이 혈관 벽에 붙는 것을 막아 주고, 혈관 확장과 손상된 혈관을 회복시키는 기능을 합니다. 특히 등 푸른 생선이 이런 기능을 풍부하게 가지고 있습니다.

고등어, 꽁치, 정어리, 청어, 삼치, 가다랑어, 참치, 장어, 연어, 방어, 멸치, 뱅어와 같이 등 푸른 생선은 건강에 여러 가지 유익을 주지만 특별히 각기병을 예방하는 효과가 있습니다. 비타민 B군 중에서도 B_2가 풍부하기 때문에 세포의 재생을 돕습니다. 그리고 비타민 B_{12}가 풍부하여 뇌 질환과 치매와 같은 신경계 질환이나 악성 빈혈 등을 방지해 주며 당뇨병을 예방해 주기도 합니다. 또한 생선을 많이 먹으면 탈모가 방지되고, 전립선암 위험이 절반으로 줄어들며, 치매환자에게 인지기능을 높이고 망상증세를 개선시킨다고 합니다.

그런데 2048년이면 전 세계 바다에서 인간이 먹을 수 있는 해산물의 대부분이 사라질 것이라는 충격적인 연구결과가 나온 적이 있습니다. 지금과 같은 남획이 지속되면 2048년에는 어류나 조개 같은 해산물의 90%가 사라질 것이라고 합니다. 이미 1970~1995년 사이에 민물고기는 45%, 바닷물고기는 30%가 줄었습니다. 지구상의 생물의 멸종이 엄청난 속도로 진행되고 있는 것입니다. 이는 우리의 건강에도 치명적 손상을 준다는 것을 의미합니다. '생선 찬가'가 '생선 조가'가 되지 않도록 힘써야 합니다. 이것이 '인생 찬가'를 부를 수 있는 비결입니다.

툰드라와 빙하

　유엔 정부 간 기후변화위원회(IPCC)는 지구 온난화로 인해 예상되는 지구의 변화를 발표한 적이 있습니다. 모든 지구인으로 하여금 우리의 지구를 지켜야겠다는 경각심을 일깨우게 하려는 의도로 보입니다. 이 보고서는 사상 최대 규모의 지구변화 전망보고서로 기록될 내용을 포함하고 있습니다. 이 보고서는 2100년까지 지구의 기온이 최대 섭씨 4.8도 상승할 것이라고 예측합니다.

　지구의 온도가 1도 상승할 경우에는 극지방 빙하가 녹아 해수면이 상승합니다. 해수면이 상승하면 민물이 바닷물로 변해 5천만 명이 물 부족에 시달리게 될 것입니다. 그 외에도 매년 30만 명이 말라리아와 영양실조 등의 기후관련 질환으로 사망하고 호주 대보초 등 산호초의 80%가 백화현상을 겪게 될 것입니다.

　2도가 상승할 경우에는 적도 아프리카의 작물 수확량이 5~10% 줄고 말라리아 환자는 5천만 명 이상이 증가하게 됩니다. 해안 침수 피해자가 늘어나고 생물 종의 15~40%가 멸종에 직면하게 됩니다. 또한 북극곰 등 극지 생물들의 멸종 위험성이 높아지며 그린란드의 빙하도 회복 불가능 상태로 녹게 됩니다.

　3도가 상승할 경우에는 유럽 남부에 10년마다 심각한 가뭄이 발생하고 물 부족 인구는 10억~40억 명으로 증가하게 됩니다. 전 세계의 기아 인구는 5억 이상으로 늘어나고 아마존의 우림이 붕괴될 것입니다. 가장 추운 남극 서부 빙하도 붕괴 위험에 직면하고 지구 전체가 고온다습한 몬순기후로 급변할 위험성이 있습니다.

4도가 상승할 경우에는 아프리카 작물 수확량이 15~35% 감소하고 말라리아 환자는 8천만 명에 이르게 되며 북극 툰드라 지대의 절반이 사라지게 됩니다.

5도 상승할 경우에는 히말라야 대형 빙하가 녹아 중국 인구의 4분의 1, 인도 인구의 다수가 직접적인 피해를 입게 됩니다. 바닷물의 산성화로 해양 생태계가 심각하게 붕괴되며 해수면의 상승으로 작은 섬들과 해안 지대 및 세계 대도시 가운데 뉴욕, 런던, 도쿄 등이 위험에 처하게 됩니다.

툰드라는 북극해 연안에서 수목의 생육한계(生育限界)에 이르는 사이의 동토 지대를 말합니다. 기온이 낮고 식물의 생육 기간이 60일 이하로 짧아 큰 나무가 자라지 못하며 삼림 한계보다도 북쪽의 극지에 해당하는 땅입니다. 툰드라와 빙하가 자연 상태를 유지할 수 있도록 하는 것은 인간의 생존과 인류의 미래를 지키는 일입니다. "땅을 정복하고, 생물을 다스리라."는 하나님의 명령은 신학적으로 하나님의 '문화명령'이라고 합니다. 이제 이 명령은 '문화명령'이 아니라 '생존명령'으로 목숨을 걸고 지켜야 하는 명령입니다. 툰드라와 빙하야말로 지구의 미래를 예측하는 데 척도가 되는 것들입니다.

지구온난화의 승자와 패자

 2007년 환경부에서는 '기후변화에 의한 한반도 영향 예측 사례'를 발표하였습니다. 지구온난화 추세가 계속될 경우에 2020년의 기온은 2000년에 비하여 평균 1.2도 상승하고 강수량은 11% 증가한다고 하였습니다. 2050년의 기온은 3도 오르고 강수량은 17% 증가하게 될 것이며, 2080년의 기온은 5도 상승하며 강수량은 17% 증가할 것으로 예상하고 있습니다.

 지구온난화로 인한 태풍, 홍수, 한발 등의 기상이변 빈도가 높아져 경제적 피해가 갈수록 많아지고 있습니다. 기상이변으로 인한 피해는 1960년대에는 매년 평균 1천억 원대에서 1990년대에는 6천억 원대를, 2000년 이후에는 2조 7천억 원대를 기록했습니다. 금전적인 피해뿐만 아니라 고온이나 혹서로 인한 인명 피해가 늘고 있고 미생물 증식과 해산물을 통한 질병 발생 가능성도 높아지고 있습니다. 지구온난화의 피해는 인류에게 금전적으로 계산할 수 없는 엄청난 재해를 가져다줄 것이 분명합니다.

 유엔의 정부 간 기후변화위원회(IPCC)는 온실가스 배출 등으로 야기되는 기후변화로 가장 큰 피해를 입을 지역과 생물 종을 담은 보고서를 공개한 적이 있습니다. 이에 맞춰 언론은 지구온난화의 승자와 패자를 소개했습니다. 승자는 온실가스를 대량으로 배출하면서도 악영향을 극복할 계획과 자금 등의 능력을 갖춘 산업화된 지역입니다. 패자는 온실가스는 별로 배출하지 않지만 온난화의 부작용을 감당할 역량이 부족한 지역들입니다.

미국 곡창 지대와 유럽 저지대, 중국 서부, 인도 남부 등 일부 지역은 승자인 동시에 패자도 될 수 있는 것으로 분석됐습니다. 북미지역과 유럽, 러시아, 중국, 일본, 호주 등 산업화 국가들은 주요 '승자'로 꼽힌 지역입니다. 이들 중 재정 능력이 있는 나라들은 막대한 자금을 들여 지구온난화 대응방안을 마련하며 진행하고 있습니다.

기후변화의 패자들은 대응책 및 능력 부재로 지구온난화 피해에 속수무책으로 노출되어 있습니다. 열대지역에 가까운 빈국들은 지구온난화에는 책임이 없는데도 불구하고 고된 삶을 살아가게 될 것입니다. 아프리카는 광범위한 지역이 심한 타격을 입게 되고, 남미는 이미 겪고 있는 물 부족의 심화로 추가로 고통을 받을 전망입니다. 동남아시아와 함께 인도, 파키스탄, 방글라데시 등 남아시아 지역은 태풍과 홍수에 끊임없이 시달릴 것으로 예상됩니다.

그러나 세계화 시대에는 승자와 패자가 따로 없습니다. 모두가 승자이든, 모두가 패자이든 둘 중에 하나일 것입니다. 이것이 지구화시대에 인류공동체의 공동 운명입니다. 환경을 보존하고 지구온난화를 전 지구적 과제로 슬기롭게 대처하여 지구인 모두가 승자가 되게 해야 할 것입니다.

개보다 못한 사람

중국 어느 시골 마을, 버스 안에서 생긴 일입니다. 예쁘게 생긴 아가씨 한 명을 두 건달이 희롱합니다. 버스 안에는 많은 사람들이 있었지만 모두들 모른 체하며 창밖을 내다봅니다. 건달들은 버스 운전기사에게 차를 정지할 것을 명했지만 듣지 않자 운전기사를 테러해 운전을 할 수 없는 지경으로 만듭니다. 두 건달은 여자를 차 밖으로 끌고 나가 추행하기 시작합니다. 버스 안의 사람들 가운데는 남자들도 많이 있었지만 아무도 나서려고 하지 않았고 슬금슬금 눈치를 보며 그 광경을 구경만 하고 있습니다. 보다 못한 한 청년이 차에서 내려 건달들과 싸웁니다. 건달들은 이 청년을 칼로 찌르고 도망쳤습니다. 이때 여자는 울면서 주섬주섬 옷을 챙겨 입고 차에 올랐습니다. 버스 안의 사람들은 여자와 눈도 마주치지 않았습니다. 운전기사는 여전히 운전을 할 수 없는 상태였고 마침 이 여자가 운전을 할 수 있어서 버스를 운전하기 시작합니다. 칼에 찔려 피를 흘리던 청년이 버스를 타려 하자 여자는 "왜 남의 일에 참견하는 겁니까?" 하며 소리를 지르고는 버스의 문을 닫고 출발해 버립니다. 어쩔 수 없이 피가 나는 배를 움켜쥐고 길을 따라 걸어가던 이 청년은 눈앞의 사고 현장을 목격합니다. 버스가 낭떠러지로 떨어져 승객 전원이 몰사한 사고였습니다.

방금 자신이 타고 왔던 그 버스였습니다.

어느 신문에 다섯 장의 사진과 함께 "로드킬 강아지들의 절규"라는 제목의 기사가 났습니다. 대구광역시의 어느 도로를 건너가던 강아지 두 마리 중 한 마리가 화물차에 치여 숨졌습니다. 다른 강아지가 화물차에 달려들며 짖어 댔지만 사고차가 무심히 떠나자 도로 한가운데 망연자실한 듯 서 있었습니다. 이후로 다른 강아지들도 비슷한 종류의 화물차만 보면 거칠게 짖으며 달려들었다고 합니다.

'개와 달리기를 해서는 안 되는 이유'라는 이야기가 있습니다. 개와 달리기해서 이기면 개보다 더한 인간이라고 합니다. 개하고 달리기해서 지면 개보다 못한 인간이라고 합니다. 개하고 달리기해서 비기면 개 같은 인간이라고 합니다. 이렇게 사람은 개하고 비교되는 순간 격하되고 사람다움을 잃어버리고 맙니다.

강아지도 자신과 함께 가던 다른 강아지의 죽음에 애타게 소리치고 항거하고 있지만 사람은 약자의 굴욕을 방관하고 있습니다. 아무것도 하지 않고 방관하는 것은 그 범죄에 동참하는 것과 다름없습니다. 인간은 타락하여 하나님이 만드신 인간 본래의 모습을 잃었기 때문에 부단히 자신을 돌아보지 않으면 동물보다 못한 삶을 살게 됩니다.

정상인보다 건강한 장애인

예전에 미국 로스앤젤레스에서 선교대회를 인도하고 온 적이 있습니다. 연세대학교 동문 목회자들의 모임인 '연목회'에서 주관하는 연합집회였는데 상당히 보람 있는 집회였습니다. 많은 동문들이 순서를 담당하고, 동문들 교회의 찬양대가 찬양을 하고, 동문들 교회 교인들이 함께 말씀을 듣는 좋은 시간이었습니다. 동문 집회로는 처음이었다고 합니다.

그리고 설교 후에는 미주에서 활동하고 있는 자랑스러운 동문들이 간증하는 시간도 가졌습니다. 사업가와 의사 등 훌륭하게 사역하고 있는 신앙인들의 간증도 집회에 많은 도움을 주었습니다. 남가주 지역에도 멋진 동문들이 많이 활동하고 있었고 간증을 통하여 저도 많은 은혜를 받았습니다.

그 간증 가운데 하나는 지역에서 장애인들을 위한 사역을 하는 목사님의 간증이었습니다. 그분의 간증은 저에게도 많은 도전과 은혜를 주었습니다. 목사님은 무역회사의 중견 간부로 사업의 수완을 가진 신앙인이었습니다. 목사님이 어릴 때에 부친께서 한 계기로 그를 살려 주시면 목사로 만들어 하나님께 바치겠다고 하였지만, 목사님은 까마득하게 하나님께 대한 그 서원을 잊고 살았다고 했습니다. 그러던 어느 날 가족들이 서울 교외로 나들이를 가는 도중 교통사고를 당해 두 딸을 잃고 사모님은 경추를 다쳐 어깨 아래를 전혀 움직일 수 없는 전신마비의 장애인이 되었습니다. 이를 계기로 목사님은 미국으로 이주하셔서 장애인 선교단체를 섬기게 되셨답니다.

우리 교회도 복지법인을 가지고 있고, '작은 형제의 집'이란 장애인 공동체를 가지고 있기에 목사님의 사역에 관심을 가지고 많은 이야기를 나누었습니다. 가족이 장애인이 되고, 이를 계기로 늦었지만 부친의 서원대로 목사가 되어 장애인을 섬기는 특수 목회를 하고 있는 그를 보니 참 아름다워 보였습니다. 약한 자를 섬긴다는 것은 예수님의 일이며, 아름다운 일입니다.

전 세계에는 10억 명 이상의 장애인이 있다고 합니다. 세계 인구의 약 15%가 장애인인 셈입니다. 세상에는 육체적으로는 장애를 가졌지만 영혼이 맑고 정상인 사람이 많이 있습니다. 반면에 육체는 건강하지만 영혼이 병들고 비정상인 사람들이 수없이 많이 있습니다. 정말 불쌍한 장애인은 육체가 병든 육체의 장애인이 아니라 영혼이 병든 영혼의 장애인입니다.

생물학자 아모츠 자하비는 1970년대에 '장애 원리', 즉 "장애가 있기 때문에 좋을 수도 있다."는 것을 주장하였습니다. 새들은 위험에도 불구하고 살아남는 것이 아니라 위험 때문에 살아남는다고 합니다. 이와 같이 장애인은 정상인보다 오히려 더 건강할 수 있습니다. 그리고 장애란 멀리 있는 남의 이야기가 아니라 우리 주변에 있는 우리의 이야기입니다.

물 부족 시대

스웨덴 스톡홀름에서 열린 국제수자원회의에서 전 세계 인구의 3분의 1 이상이 이미 물 부족 사태에 직면해 있다는 충격적인 연구결과를 발표하였습니다. 국제물관리연구소는 2000년에 발표된 연구에서 2025년경에 전 세계 인구의 3분의 1 이상이 물 부족을 겪을 것으로 예측했으나, 이미 2005년에 전 세계 인구의 3분의 1 이상이 물 부족 현상으로 고통을 받고 있다고 밝혔습니다.

인도, 중국, 멕시코와 같은 나라와 미국의 콜로라도 강 유역 등이 물 부족 위기에 처해 있다고 합니다. 수자원이 풍부한 강 유역에 있으면서도 물 부족에 시달리고 있는 역설적인 상황을 맞았습니다. 물을 물 쓰듯 마구 쓰고, 환경파괴로 인해 죽어 가는 강 유역에 거주하고 있기에 물 부족에 시달리게 된 것입니다.

세계적으로 물 부족에 시달리는 곳은 농업에 의존하는 지역입니다. 농업용수로는 식수와 취사와 목욕 등 기타 생활용수의 약 70배가 넘는 물이 필요합니다. 세계 여러 지역에서는 농업용수를 너무 과도하게 사용하여 식수조차 모자랄 지경이 되었습니다. 물의 효율적 사용 방안이 마련되지 않으면 물 부족으로 인한 갈등이 폭력적인 충돌로 이어질 수도 있습니다.

우리나라도 얼마 전 물 부족 국가로 분류되었습니다. 우리나라는 세계에서 지하수를 거르지 않고 그냥 먹을 수 있는 몇 안 되는 나라 중의 하나였는데 이제는 물 부족 국가가 된 것입니다. 다른 물 부족 지역도 마찬가지지만 물의 양 자체가 부족한 것이 아니라 마실 수 있거나, 농공업 용수로 사용할 수 있는 물이 없다는 뜻입니다. 물이 심하게 오염되어 농업용수로도, 공업용수로도 사용할 수 없는 물이 점점 많아지고 있는 것입니다.

고대로부터 물은 흙, 공기, 불과 더불어 자연계의 4대 구성 성분으로 꼽혔습니다. 실제로 지구의 70%가 물인 만큼 지구(地球)가 아니라 수구(水球)라 할 수 있습니다. 영적으로 볼 때 물은 창조의 피입니다. 우리 몸의 70%가 물입니다. 밥은 먹지 않아도 물은 마셔야 생명을 이어 갈 수 있습니다. 더구나 물은 세례의 근본 요소입니다. 물은 우리가 영적으로 변화하게 하는 중요한 요인인 것입니다.

물 부족 시대에 가장 필요한 물은 예수 그리스도이십니다. 예수님은 "나는 생명의 물이다."라고 말씀하십니다. 지구에 아무리 물이 풍성하다고 하더라도 생명의 물이신 예수님이 없이는 영혼의 만족을 누릴 수 없습니다. 생명의 물이 부족하기 때문에 지구는 물 부족에 시달리고 있습니다. 생명의 물이신 예수님으로부터 끝없이 공급되는 물을 갈망해야겠습니다.

시애틀

「편지로 읽는 세계사」라는 책이 있습니다. 일본인 와타히키 히로시 외 여러 분이 지은, 아주 읽을거리가 많은 책입니다. 역사책에 기록된 역사 이상을 볼 수 있는 인간의 삶과 역사의 진실을 밝혀 주는 책입니다. 때로는 역사란 정사보다 비사(秘史) 혹은 야사(野史)가 진실을 이야기하기도 하고 정사를 해석하는 데 도움을 주기도 합니다.

특별히 이 책에서 저의 눈을 끄는 내용은 미국의 대통령 프랭클린 피어스에게 보낸 인디언 추장의 편지입니다. 19세기 중반 아메리카 대륙을 서서히 지배한 미국의 백인 정부는 원주민 인디언들로부터 강제로 땅을 사들이려 하였습니다. 땅을 사서 미합중국에 편입시키려는 정부의 시도는 원주민 인디언뿐만 아니라 이미 대륙의 남서부를 차지하고 있던 멕시코에 대해서도 마찬가지였습니다.

이때 '스쿼머시'라는 부족의 추장 '시애틀'에게 정부는 편지를 보내어 땅을 사려고 하였습니다. 시애틀 추장은 정부에 이렇게 편지를 보냅니다. "워싱턴에 있는 대통령이 우리에게 편지를 보내 땅을 사고 싶다는 뜻을 전해 왔다. 하지만 어떻게 땅과 하늘을 사고팔 수 있나? 우리에게는 생소한 일이다. 신성한 공기와 물방울이 우리의 것이 아닌데 어떻게 그것을 사겠다는 것인가? 이 땅의 모든 것은 신성하다.

반짝이는 솔잎, 해변의 모래밭, 숲 속의 안개, 수풀과 곤충들 모두가 우리의 기억과 추억에서 신성하다. 우리는 안다. 땅이 사람의 것이 아니라, 사람이 땅의 것임을……."

　이 편지를 보면 문명이 반자연적이며 문명인이 야만인이라 부르는 사람보다 더 야만적임을 알 수 있습니다. 그리고 추장은 계속해서 편지를 씁니다. "사람과 자연은 한 몸이니 부디 이 땅을 차지하더라도 아껴 주고 사랑해 주시오." 이 편지를 보고 감동한 프랭클린 피어스 대통령은 이 추장이 다스리던 지역을 그의 이름을 따서 '시애틀'이라 부르도록 하였습니다.

　북미의 추마시 인디언들은 "나는 살아가기 위하여 매일 성스러운 대지를 사용한다. 만일 자신의 신앙과 전통에 대하여 존경하는 마음을 품고 바라본다면 우리 주위의 사물들 중 어느 하나 성스럽지 않은 것은 없다."고 하였습니다. 자연과 함께 살면서 자연을 어머니의 품으로 생각하는 그들의 성스러운 마음은 기독교의 경건과는 다르긴 하지만 그 나름대로의 경건입니다.

　백인의 문화와 문명은 본질상 물질적인 것입니다. 백인의 성공 기준은 '나를 위해 재산을 얼마나 모았는가?' 입니다. 그러나 인디언의 문화는 근본부터가 다릅니다. 인디언의 성공 기준은 '내 동족에게 얼마나 봉사를 베풀었는가?' 입니다. 반문명인 같은 인디언들이 서양인을 지배하고 미합중국을 차지했더라면 지금쯤 세계는 지구온난화 걱정을 하지 않는 친환경적 세계가 되었을지도 모릅니다.

불타는 얼음

　세계는 대체에너지를 간절히 찾고 있습니다. 그동안 석유가 거의 전부였던 지구상의 에너지는 배럴당 100달러의 고유가 시대를 맞으면서 대체에너지에 대한 관심이 고조되고 있습니다. 대체에너지란 석탄, 석유, 원자력 및 천연가스가 아닌 태양에너지, 풍력에너지, 소수력에너지, 연료전지, 해양에너지, 폐기물에너지 등을 의미합니다. 넓은 의미로는 석유를 대신하는 에너지원 전체를 총칭하는 말입니다. 어떤 학자는 가장 좋은 대체에너지는 물이라고 합니다. 왜냐하면 물은 수소와 산소로 구성되어 있기 때문에 수소와 산소로 나누어 주기만 하면 아주 잘 타는 연료가 되기 때문입니다.

　이런 가운데 차세대 청정 에너지원으로 주목받고 있는 '메탄 하이드레이트'가 생산 채비를 하고 있습니다. '불타는 얼음'이라고 불리는 '메탄 하이드레이트'는 가스인데 중심에 있는 가스가 메탄이어서 이렇게 불립니다. 가스는 기체 상태로 존재하지만 온도를 영하로 내리고 압력을 높이면 물은 얼게 되고 기체는 물입자가 만든 우리 속에 갇히게 됩니다. 이것을 '가스 하이드레이트', 즉 '기체수화물'이라고 합니다. '메탄 하이드레이트'는 얼음 덩어리 형태이지만 불을 붙이면 탑니다. 얼음이 녹으면서 내부의 순수한 메탄이 타기 때문입니다. 더구나 메탄 가스는 완전 연소하기 때문에 연소 후 이산화탄소 발생 비율이 화석 연료의 24%밖에 되지 않아 청정에너지로 불립니다.

보통 천연가스는 지하의 높은 온도 때문에 기체 상태로 존재합니다. 그러나 시베리아나 알래스카와 같은 동토 지역의 깊은 땅속이나 수심 300~1,000미터의 바다 밑과 같이 30기압 이상의 높은 압력과 함께 온도가 0도 가까이 내려가면 천연가스가 물과 함께 결합하여 고체 상태로 변하게 됩니다. 드라이아이스와 비슷한 겉모습의 '메탄 하이드레이트'는 기체 상태의 큰 부피가 고체로 변하면서 165~215배 정도로 압축됩니다. 1리터의 '가스 하이드레이트' 속에는 약 200리터의 가스가 담겨 있다는 뜻입니다.

이런 '메탄 하이드레이트'가 우리나라 동해 심해에서도 발견되어 흥분을 감추지 못하고 있습니다. 울릉분지에 매장되어 있는 '메탄 하이드레이트'는 약 6억 배럴로 추정되고 있습니다. 우리나라 천연가스 소비량의 30년분이며 금전으로 따지면 약 150조 원의 가치에 달한다고 합니다. 그리고 전 세계적으로는 약 5,000년분에 해당하는 10조 배럴 규모가 매장되어 있다고 합니다. 어떤 이는 석유가 고갈되면 인류가 심각한 고통 속에 살게 될 것이라고 합니다. 그러나 하나님은 사람들이 에너지가 고갈된 황량한 세상에 살게 하지 않으십니다. 하나님은 또 다른 에너지를 주실 것이고 지구상의 대체에너지가 완전히 고갈되기 전에 예수님의 재림과 함께 이 세상의 종말이 올 것입니다.

바사호의 비극

　북유럽을 방문하면서 스웨덴의 수도 스톡홀름에 있는 '바사박물관'을 참관한 적이 있습니다. 이 박물관에는 옛날 바이킹 시대에 건조한 전함 '바사호'의 잔해가 보존되어 있습니다. 옛 스웨덴 왕국의 구스타프 2세인 구스타프 아돌프는 유럽의 종교전쟁인 30년 전쟁에 신교 진영의 한 주축으로 참전하여 구교 국가인 폴란드와 대치 중이었습니다. 구스타프 2세는 이 전쟁을 스웨덴이 유럽의 해상권을 장악할 수 있는 절호의 기회라고 생각했고 발틱함대를 강화하여 유럽에 대한 영향력을 행사하려는 야심에 차 있었습니다. 그래서 그는 바사호를 세계 최강의 전함으로 건조하려고 하였습니다. 바사호는 왕의 거대한 야심에 걸맞게 육중한 대포들이 2층으로 배치되었고 대포의 구경도 당시로서는 매우 크게 만들었습니다. 전함의 전후좌우면들은 섬세하고 화려한 색깔의 조각들로 가득 차 있습니다. 전함의 밑에는 모래주머니 등으로 채워 배의 무게를 아래에 두었지만 육중한 포의 배열은 전함의 상단으로 무게중심이 쏠리게 하였습니다.
　바사호의 처녀항해는 예정대로 진행되었습니다. 1628년 8월 10일 스웨덴 왕실의 귀족들과 시민들과 외교사절들이 지켜보는 가운데 스톡홀름 외항을 향해 화려한 항해를 시작했습니다. 그러나 불과 1.4킬

로미터를 항해한 바사호는 갑자기 중심을 잃고 흔들리며 가라앉기 시작하였습니다. 바사호의 승무원 50여 명도 이 배와 함께 바다에 가라앉았습니다. 바사호는 처녀항해에서 스톡홀름 항구도 벗어나지 못한 채 20여 분 만에 비극적 최후를 맞았습니다. 이후 1961년, 즉 333년 만에 이 배를 인양하여 수백 명의 조각가들과 전문가들이 전함의 95% 이상을 복구하여 전시하고 있습니다. 바사호의 복구를 통하여 17세기 초 스웨덴의 화려했던 역사와 위용을 볼 수 있습니다.

바사호의 의문의 침몰 원인에 대해서는 오늘날까지도 논란이 있습니다. 전문가들이 말하는 가장 큰 원인은 해군력을 단기간에 확장하기 위하여 배의 건조와 진수를 너무 서둘렀다는 것입니다. 그리고 배의 무게가 아래에 있지 않고 위에 쏠려 있어 안정성에 문제가 있음에도 불구하고 무리하게 출항했다는 것입니다. 바사호의 비극은 사람들의 조급함이 만들어 낸 것이었습니다.

바사호의 사면을 둘러보던 중 333년 동안 바다 속에 수장되어 있었음에도 불구하고, 변치 않은 형형색색의 아름다운 조각들에 대해 설명을 들을 수 있었습니다. 전함의 기능을 벗어난 미와 당시 왕국의 부의 자랑이 전함 구석구석에 가득했습니다. 무엇이든 자신의 존재의 미를 벗어난 자랑은 오히려 파멸의 원인이 되는 것입니다.

외형적 화려함이 아니라 내면적 충실함이 존재의 의미를 충실하게 합니다. 그리스도인의 삶은 더욱 그러합니다.

매머드

지구온난화로 양서류의 3분의 1이 심각한 곤경에 처해 있고, 오는 2050년까지 생물의 20~30%가 멸종위기에 몰릴 것이라고 합니다. 특히 얼룩무늬가 화려한 중남미의 개구리 110종 가운데 3분의 2 이상이 이미 사라지는 등 오는 2050년까지 생물의 20~30% 이상이 멸종위기에 몰릴 것이라고 합니다.

세계보건기구(WHO)의 보수적 평가에 따르더라도 기후 변화가 1년에 최소한 15만 명의 목숨을 앗아 가고 있으며, 2030년에는 기후 변화에 따른 추가 희생자가 2배에 달할 것으로 예상됩니다. 과다한 이산화탄소(CO_2)의 방출은 인간 수명에 심각한 영향을 초래할 것이며, 선진국으로 진입을 시도하고 있는 거대한 국가인 중국과 인도의 온실가스 배출량이 향후 지구 온난화의 주요 변수가 될 것이라고 합니다.

세계야생생물기금(WWF)의 보고서에 의하면 멸종위기에 처한 생물 10종은 다음과 같습니다. 호랑이, 북극곰, 태평양 바다코끼리, 마젤란 펭귄, 장수거북, 청지느러미 참치, 산악고릴라, 왕나비, 자바 코뿔소, 자이언트 판다 등입니다.

이런 가운데 미국의 어느 연구진은 시베리아 영구 동토층에서 발굴한 털 매머드 화석의 털에서 DNA를 추출해 오래전 멸종한 이 동물의 유전 정보인 게놈 지도를 완성하였다고 합니다. 게놈 지도를 완성하였다는 것은 유전공학 기술을 활용하여 멸종된 매머드의 부활이 가능하다는 뜻이며, 미화 1,000만 달러면 매머드를 부활하기에 충분하다고 합니다.

이 연구진은 나아가서 DNA 해독이 끝나게 되면 매머드와 유전적으로 가장 비슷한 아프리카 코끼리의 세포를 조작해 매머드를 다시 만들어 낼 수 있을 것이라고 주장하고 있습니다. 매머드와 아프리카 코끼리의 유전체 간의 차이는 0.6%로 유전자 형성이 거의 비슷하다는 것입니다.

2008년에는 스페인의 30대 여성이 자신의 줄기세포로 배양한 장기를 면역 거부반응 없이 이식받는 데 세계 최초로 성공하였습니다. 결핵 후유증으로 손상된 기관지를 자신의 줄기세포를 배양하여 이식함으로 손상된 장기를 부작용 없이 대체할 수 있는 획기적인 치료법이 개발된 것입니다. 미래에는 간이나 심장 등도 이와 같은 방법으로 이식할 수 있을 것으로 기대하고 있습니다. 돈으로 멸종된 동물도 부활시키고 손상된 장기도 대체할 수 있는 과학시대에 교회는 많은 사람들이 예수님의 이름과 십자가를 통해서만 얻을 수 있는 부활과 영생에 대해 더욱 올바른 신앙을 가질 수 있도록 해야 합니다.

해 없는 무지개는 없다

희망은 인간의 삶의 특권입니다. 토마스 칼라일은 "인간은 희망에 기초를 둔 존재"라고 하였습니다. 그래서 그는 "나는 내 소유를 다 빼앗긴다고 해도 오직 한 가지 희망만은 빼앗기지 않기를 원한다."라고 하였습니다. 그리스도인의 희망은 믿음의 다른 이름입니다. 그리스도인의 희망은 우리의 기다림이 헛되지 않을 것이라는 확신입니다. 그리스도인의 희망은 지금은 보지 못하지만 앞으로 볼 수 있는 것입니다. 우리는 볼 수 없지만 하나님은 보고 계시는 것입니다. 그리스도인의 희망은 믿음이며 기도에서 나오는 것입니다. 기도하는 그리스도인은 희망을 잃지 않습니다. 희망을 가진 사람은 이미 하나님의 나라를 소유한 사람입니다. 단테는 말합니다. "희망을 버려 보라. 그대가 들어갈 곳은 지옥뿐이다." 희망은 하나님이 보장하신 우리 앞, 미래의 전망입니다. 그리고 희망은 약속하신 말씀들이 나의 것이 되어 현실로 누리게 될 그것을 보고 그날을 고대하는 습관입니다.

네덜란드 출신의 코리 텐 붐 여사는 2차 세계대전 중에 유대인들을 자신의 집에 숨겨 준 이유 때문에 언니 베시와 함께 나치에게 체포되어 독일의 포로수용소에서 모진 고통을 당합니다. 그러나 그녀는 전쟁이 끝나고 석방된 이후에 포로수용소에 대한 체험을 글로 쓰고 간중하였습니다. 그녀는 늘 이렇게 말하곤 하였습니다. "만일 이 세상을 보면 우리는 절망할 것입니다. 만일 우리 내부를 들여다보면 낙담할 것입니다. 하지만 그리스도를 바라보면 안식할 수 있습니다. 열차가 터널을 지날 때면 세상이 온통 어두워집니다. 그렇다고 달리는 열차에서 뛰어내리겠습니까? 그렇지 않습니다. 가만히 앉아서 기관사가 얼른 그 터널을 빠져나가기를 바라는 것이 현명한 일이겠지요."

1871년 시카고에 대화재가 났습니다. 대화재로 무디 목사님의 집도 완전히 잿더미가 되었습니다. 이 소식을 들은 어떤 이가 목사님을 찾아와서 "목사님, 이번 화재로 모두 잃어버렸다지요?"라고 묻자 목사님은 "아닙니다. 아직도 그리스도는 내게 남아 있습니다."라고 하였습니다.

유대인 심리학자인 에리히 프롬은 인간을 '호모 에스페란스'라고 정의하였습니다. '희망하는 인간'이란 뜻입니다. 인간은 희망을 가진 존재이고 인간만이 희망을 가지고 있습니다. "해 없는 무지개는 없다."는 말이 있습니다. 비 없는 무지개도 없습니다. 무지개는 비 때문에 만들어지는 동시에 해 때문에 만들어지기도 합니다. 무지개는 비와 해를 동시에 가집니다. 무지개는 희망입니다. 그런데 무지개를 보면서 비만 보는 사람이 있습니다. 혹은 무지개를 보면서 해만 보는 사람이 있습니다. 비와 해를 동시에 볼 때 무지개는 더 아름답습니다. 서양격언에는 "짙은 먹구름 너머에는 언제나 밝은 태양이 반짝이고 있다."는 말이 있습니다. 산이 높아야 골도 깊습니다. 희망은 절망을 볼 때 더 아름답습니다. 희망은 고통을 앞세웁니다. 고통에서 희망을 건진 자가 기쁨을 맛보게 됩니다.

정 열   환 희   분 별   성 장   **활 기**   하 나 됨   생 기

제5장
활 기

energy

'활기'가 가진 색은 파랑입니다.

파랑은 정신적 건강을 의미하며
활기를 뿜어내는 힘의 색입니다.

#활기

**활동력이 있거나
활발한 기운**

우리는 돈이 없어도 성공할 수 있지만 신체적·정신적 에너지 없이는 어떤 성공도 할 수 없습니다. 신체적 건강과 더불어 중요한 것은 영혼의 건강입니다. 영과 육이 함께 건강하여 새로운 하나님의 나라를 우리 안에 창조하는 그리스도인이 참 그리스도인입니다.

그리스도인의 태도

전 미국 대통령 아이젠하워가 웨스트포인트 사관학교를 졸업한 후에 배치된 곳은 식당이었습니다. 취사반에 근무하게 된 아이젠하워는 처음에는 견딜 수 없는 좌절감에 휩싸여 있었습니다. 사관학교를 졸업한 후, 지휘관이 되고, 위대한 장군이 되고 싶은 마음은 누구에게나 다 있을 것입니다. 처음에 그는 아무것도 손에 잡히지 않을 만큼 절망했지만 곧 자신의 태도를 바꾸었습니다. "내가 다른 사람들보다 더 많이 가진 것이 무엇일까?"라는 고민을 하던 그는 자신에게 비교적 시간적 여유가 많다는 것을 깨닫고 책상에 앉아 가상작전연구를 시작했습니다. 훗날 그는 미국 육군에서 가장 뛰어난 작전의 명수가 되었습니다. 이 명성으로 노르망디 상륙작전에 성공하고 여세를 몰아 미국의 대통령이 된 것입니다.

정신분석학자인 칼 메닝거는 "태도는 사실보다 중요하다."고 하였습니다. 사실이 인간을 지배할 것 같지만 사실이 아니라 태도가 인간을 지배합니다. 태도는 사실을 극복하게 하기도 하고, 사실에 지배받게 하기도 합니다. 아이젠하워의 사실은 절망감을 줄 수 있었지만 그의 태도는 사실을 극복하고 오히려 그 사실 때문에 위대한 결과를 얻게 하였습니다.

태도는 사실보다 중요할 뿐만 아니라 재능보다도 중요합니다. 재능과 태도 중에 하나를 선택해야 한다면 태도를 선택해야 합니다. 태도는 재능도 능가할 수 있습니다. 태도는 마음속에 자리하고 있는 씨앗 같은 것이지만 그 열매는 우리 몸의 모든 부분에서 겉으로 드러나게 합니다.

장애물이 되느냐, 기회가 되느냐 하는 것은 상황에 대한 우리의 태도에 의해 결정됩니다. 어떤 이에게는 장애물이지만 어떤 이에게는 기회가 됩니다. 소년 다윗은 형들에게 아버지의 심부름을 갔다가 골리앗을 보았습니다. 군인들이 거인 장수 골리앗 앞에 무서워 떨며 싸울 생각을 하지 못하고 있을 때에 다윗은 골리앗에게 도전을 합니다. 골리앗이 너무 크고 무섭게 생겨 위축된 것이 아니라 오히려 너무 크기 때문에 자신의 물맷돌이 빗나갈 가능성이 더욱 없다고 생각했습니다.

사람들이 실패하는 일반적인 이유는 자신의 배경이나 능력 때문이 아니라 태도 때문입니다. 우리 주변의 많은 요인들이 우리의 태도에 영향을 미칩니다. 동시에 많은 것이 태도로부터 나옵니다. 그러므로 태도에 따라 잠재력이 향상될 수 있고 얼마든지 더 높은 기대치를 얻을 수 있게 되는 것입니다.

승리자의 원동력은 좋은 출신 배경, 높은 아이큐 또는 재능에 있지 않습니다. 그 원동력은 적성이 아니라 태도에 있습니다. 이스라엘의 전 수상 골다 메이어는 사람을 지능지수보다 태도지수에 의해 평가하였다고 합니다. 태도는 평가의 대상일 뿐 아니라 그리스도인의 신앙의 양태입니다. 신앙은 태도를 만드는 소재입니다.

스캔 테스트

비행기를 타기 위하여 몸을 검색하는 일은 썩 기분 좋은 일은 아닙니다. 갈수록 검색이 까다로워져 신발도 벗어야 하고 손톱깎이나 작은 가위만 소지하고 있어도 빼앗기게 마련입니다. 아무리 점잖게 생겼어도 검색을 피할 수는 없습니다. 검색에 걸릴 만한 위험한 물건을 가지고 있지 않다고 하더라도 검색대를 통과해야 합니다. 검색대를 통과하지 않으면 비행기를 탈 수 없기 때문입니다.

제 경험으로는 가장 검색이 까다로운 곳이 미국 국내선 비행기를 탈 때입니다. 9·11 사태 이전에는 심하지 않았지만 이후에는 매우 까다롭고 꼼꼼하게 검색을 합니다. 신발을 벗고 상의를 벗는 것은 기본이고 심지어 속옷을 검색할 때도 있습니다. 더구나 아랍인의 이름을 가졌거나 아랍인의 인상을 닮은 사람은 여지없이 따로 검색을 받게 됩니다.

지난 여행에서도 이런 까다로운 검색을 경험했습니다. 저를 따로 불러 의자에 앉혔다가, 또다시 일어나 돌아서게 했다가, 위에서부터 아래까지 훑어 내려가면서 검색을 하였습니다. 그리고 들고 가는 가방도 엑스레이 검색기를 통과한 다음 다시 하얀 종이 같은 것을 가지고 와서 가방 안의 화학물질 반응을 체크하였습니다. 한참동안 검색을 한 다음에 "오케이!"라며 가라고 하였습니다. 저는 습관적으로 "땡큐!"라고 말하였지만 별로 '땡큐'가 아니었습니다. 아무 죄 없는 나를 이처럼 세밀하게 검색하는 것에 대한 불만이 마음속에 가득했던 것입니다.

그러나 이렇게 세밀하게 검색하는 데는 이유가 있습니다. 이것은 나 자신의 생명에도 안전한 일입니다. 그럼에도 불구하고 내 자신을 검색한다는 데 대한 약간의 불편과 불평은 있었습니다. "내가 누군지 알아?"라고 해도 필요 없는 것이 비행기 탑승 전의 검색입니다. 왜냐하면 나는 내가 테러범이 아닌 것을 잘 알고 있지만 그들은 나를 전혀 알지 못하기 때문입니다.

우리는 내 자신의 안전을 위하여 날마다 스캔 테스트를 해야 합니다. 매일 하나님의 나라에 한 걸음씩 다가가고 있는 순례자로서 검색대를 지나야 합니다. 우리 몸에 지닌 것을 다 내려놓고, 우리의 모든 죄를 다 벗고 통과해야 합니다. 우리의 몸에 헛된 것을 지니고서는 그 길을 통과하지 못합니다. 우리 영혼에 더러운 죄를 묻히고는 지나갈 수 없습니다. 그 길은 영과 육이 깨끗한 자만이 통과할 수 있습니다.

우리 모두는 마지막 날에 하나님 앞에서 스캔 테스트를 받아야 할 것입니다. 영혼의 검색대는 예외가 없이 모두가 통과해야 합니다. 지으신 것이 하나라도 하나님 앞에 나타나지 않음이 없고 우리 모두가 우리를 상관하시는 하나님의 눈앞에 벌거벗은 것같이 드러나게 될 것입니다(히 4 : 13).

웰빙

우리 사회 일각에서 '웰빙'이 화두가 된 지 꽤 되었습니다. 이전에는 디지털 시대의 엘리트를 '보보'라고 하였습니다. 이 말을 복수형으로 하여 '보보스'라고 부릅니다. 보보는 부르주아 보헤미안의 줄임말입니다. 이때는 '부르주아의 자본주의'와 '보헤미안의 반문화'를 쉽게 구분하였습니다. 부르주아는 정장을 입고 대기업에서 일하며 주일이면 교회에 가는 사람들입니다. 보헤미안은 자유분방한 예술가와 지식인을 말합니다. 보헤미안은 해방의 1960년대의 가치를 옹호했고, 부르주아는 1980년대의 젊고, 도시 근교에 살고, 전문직에 종사하는 '여피'였습니다. 하지만 이제는 부르주아와 보헤미안이 한데 뒤섞여 있습니다. 디지털 정보 경제 시대에 새로운 지배계급 보보가 탄생한 것입니다.

그러나 최근에는 물질적 실리와 보헤미안의 정신적 풍요를 누리는 '보보스족'의 삶에서 더욱 발전하여 몸과 마음이 유기적으로 결합된 풍요롭고 아름다운 인생을 영위하자는 새로운 라이프스타일이 창출되었습니다. 이런 새로운 스타일을 '웰빙'이라고 합니다. '웰빙'은 말 그대로 '잘 사는 것', '행복한 삶'을 의미합니다. 잘 먹고 잘 사는 것, 건강하고 여유롭게 사는 것을 말합니다.

'웰빙'에 관심이 높은 사람들을 '웰빙족'이라고 부릅니다. 이들이 삶에서 중요하게 생각하는 것은 건강과 행복입니다. 심신의 건강과 여유로운 삶을 누리기 위해서 돈을 아끼지 않지만 남에게 과시할 목적으로 유명 브랜드나 고가품을 구입하지는 않습니다. 물질보다 정신을 중시하고, 여유로운 생활을 하고 싶어 합니다. 고급스러움을 추구하지만 실리적인 면을 강조하는 새로운 스타일의 인간형입니다. 자연 속에서 생명력을 되찾았던 선조의 지혜와 전통에서 빌려 온 이 삶의 방식은 굳이 비싼 돈을 들이지 않더라도 누구나 충분히 맛볼 수 있는 삶이라고 볼 수 있습니다.

   '웰빙족'은 겉치레를 중시하지 않으며 화려한 외관의 미보다는 내적인 질을 중시합니다. 비싸고 우아한 식사보다는 화학 첨가물을 넣지 않은, 순수 그 자체인 유기농 음식을 소중히 여깁니다. 인간의 의식 구조가 친환경, 친건강으로 회귀한 셈입니다. 이런 새로운 인간형의 탄생은 인간의 외형을 중시하던 것에서부터 내면을 중시하는 것으로 돌아온 것입니다. 더 중요한 것이 무엇인가를 인식하게 된 인간의 삶의 질의 회복이라고 봅니다. 진정한 삶의 질은 인간의 내면에 있으며 인간의 내면을 완전하게 회복할 수 있는 것은 신앙입니다. 그러므로 진정한 '웰빙'은 신앙으로 다듬어 가는 삶입니다.

유쾌한 장례식

영국에 유쾌한 장례식 바람이 불고 있다는 기사를 본 적이 있습니다. 전통적으로 장례식이라고 하면 슬픔과 눈물이 있고 검은 양복에 장송곡과 같은 무거운 음악을 떠올리게 됩니다. 조문객들도 슬픔을 함께 나누기 위하여 위로의 말로 상주와 유족들을 감싸 줍니다. 그런데 이런 통곡이 있는 무거운 장례식이 점차 줄어들고 펑키 음악과 춤이 있고 자녀들의 시낭송과 장기자랑이 이어지는 장례식으로 변하고 있다는 것입니다.

장례식에 주로 불리던 무거운 음악이 아니라 고인이 가장 즐겨 불렀던 음악을 들으며 고인의 흉내를 내며 춤을 추고 조문객들이 함께 고인을 떠올리기도 합니다. 그리고 고인이 평소에 가졌던 생활 습관이나 생각들을 다시 이야기하며 폭소를 자아내기도 합니다. 자녀들은 고인이 된 부모에게 자신들이 가장 좋아하는 음악으로 흥겨운 노래를 바치기도 합니다. 이런 유쾌한 장례식은 교회에서 무거운 음악 속에 목사가 집전하는 장례식 문화를 점차 몰아내고, 가족이나 친구 중 한 명이 장례를 주관하며 코믹한 에피소드를 준비해 추모객들과 함께 웃음 속에서 고인을 보내게 한다고 합니다.

오래전 미국에 처음 간 지 얼마 되지 않아 신학교의 학장이 세상을 떠났을 때입니다. 잔뜩 호기심을 가지고 참석한 장례식은 문자 그대로 저에겐 충격이었습니다. 그때만 하더라도 영어가 서툴러 다 알아듣지는 못했지만 장례식은 여느 결혼식을 방불하게 하는 유머와 웃음으로 가득한 축제 같은 분위기였습니다. 장례식을 마치고 나서 한참 동안이나 어안이 벙벙하고 혼란스러웠던 기억이 납니다.

그리고 한참 후에야 장례식이 웃음으로 가득한 이유를 알게 되었습니다. 서양에서는 사람이 운명하게 되면 집에 시체를 두지 못합니다. 장례식장에 시체를 두며 유족들이 빈소를 지키는 일도 없습니다. 우리식의 입관예식 날에 가면 시체에 화장을 하고 옷을 입혀 마치 잠이 든 사람처럼 관에 눕혀 놓습니다. 이 방을 수면실이라는 뜻으로 'slumber room'이라고 하는데 이 예식을 'slumber room visitation'이라고 합니다. '수면실 방문'이란 뜻입니다. 이때는 모두가 슬퍼하지만 이후에는 영혼이 하나님께로 갈 것을 확신하고 즐거워하며 웃음으로 장례식을 맞게 되는 것입니다.

하나님을 아는 사람들의 장례는 언제나 유쾌합니다. 죽음 이후에 하나님의 나라가 기다리고 있다는 것을 아는 사람들은 누구나 장례도 웃음으로 맞을 수 있고 유머가 예식이 될 수 있습니다. 죽음을 유쾌하게 맞으며 장례식을 유쾌하게 행할 수 있는 것은 복음의 또 하나의 보너스입니다.

감사하는 사람의 복

깎으면 작아져야 하는데 깎을수록 커지는 것이 있습니다. 그것은 구멍입니다. 할수록 커지는 것도 있습니다. 감사와 불평입니다. 감사와 불평은 할수록 더 커지게 되는 법입니다. 감사는 소극적인 계명이 아니라 적극적인 계명입니다. 감사의 계명을 지키면 감사는 점점 커집니다. 감사하라는 명령은 성경에 180번이나 나오는 중요한 명령입니다. 하나님께 드리는 감사는 부르심에 대한 응답입니다.

구약은 제사를 가르칩니다. 제사 가운데 감사제는 곧 화목제입니다. 하나님과의 화목이 감사의 기본 요건이며 사람과의 화목이 감사의 큰 요건입니다. 한 가족, 한 성도, 한 백성, 한 민족이 된 것은 감사한 일이며 진정한 감사는 존재에 대한 응답입니다. 그래서 성경은 "너희는 평강을 위하여 한 몸으로 부르심을 받았나니 너희는 또한 감사하는 자가 되라"(골 3 : 15)고 합니다.

성경이 가르치는 감사는 찬양입니다. 감사하는 사람은 찬양하며, 찬양하는 사람에게는 감사가 넘칩니다. 바울과 실라는 복음을 전하다가 옥에 갇혔지만 감사하여 찬양했습니다. 찬양할 때에 지진이 나고 옥문이 흔들리고 결박이 풀렸습니다. 감사의 찬양은 기적을 낳습니다. 성경은 "시와 찬송과 신령한 노래를 부르며 감사하는 마음으로 하나님을 찬양하라"(골 3 : 16)고 합니다.

감사에는 때가 없습니다. 모든 것에 감사해야 합니다. 왜냐하면 하나님은 항상 우리에게 좋은 것을 주시기 때문입니다. 우리 하나님 아버지는 절대로 떡 대신 돌을 주며 생선 대신 뱀을 주지 않으신다는 것을 알기 때문입니다. 어리석은 사람들은 가려서 감사합니다. 이런 사람들은 자주 불평하는 사람입니다. 그러나 하나님의 사람은 범사에 감사합니다.

제2차 세계대전이 한창일 때, 도시는 폐허가 되고 많은 아이들이 제대로 먹지 못하여 굶주리게 되었습니다. 그때 독일 어느 마을에 사는 한 부유한 노인부부가 매일 빵을 만들어 거리에서 굶는 아이들을 먹였습니다. 부부가 빵을 만들어 나오면 아이들은 너 나 할 것 없이 큰 것을 먹겠다고 덤벼들었습니다. 그런데 한 여자아이는 예외였습니다. 다른 아이들이 다 고른 다음 맨 마지막에 못생기고 찌그러진 작은 빵 하나를 집어 들고는 부부에게 다가와 "할머니, 감사합니다. 할아버지, 감사합니다." 하며 감사의 말을 잊지 않았습니다. 많은 아이들이 빵을 먹었지만 감사를 표한 아이는 이 여자아이밖에 없었습니다. 이를 눈여겨본 부부는 참으로 기특한 이 여자아이를 위해 작고 아주 못생긴 빵 속에 금화 한 닢과 메모지를 넣어 그 아이가 가져가도록 했습니다. 그리고 메모지에 "이것은 감사할 줄 아는 너를 위해 준비한 작은 선물이란다."라고 썼습니다. 이처럼 감사할 줄 아는 사람은 복을 받습니다.

칭찬은 최고의 인생 투자

 이태리 어느 작은 고을에 유명한 오페라 가수가 되는 것이 꿈인 한 청년이 있었습니다. 그는 혼자 노래 연습을 하다가 드디어 오페라 가수 오디션을 볼 수 있는 기회를 얻었습니다. 이 청년은 최선을 다해 노래했지만 오디션에서 떨어지고 말았습니다. 낙방한 청년은 심하게 좌절하여 다시는 노래를 부르지 않겠다고 결심했습니다. 이때 그를 지켜보던 어머니가 다가와 이야기했습니다. "아들아, 나는 네가 세상에서 가장 아름다운 목소리를 지녔다는 것을 안단다. 이 엄마는 네가 부르는 노랫소리를 들을 때마다 얼마나 행복한지 모른다. 엄마는 네가 꼭 유명한 오페라 가수가 되리라 믿는다." 청년은 어머니의 격려에 힘입어 다시 노래를 시작했습니다. 결국 그는 세계적인 오페라 가수가 되었는데, 그의 이름이 바로 엔리코 카루소입니다. 칭찬은 희망을 주고, 힘을 줍니다. 아첨은 사람에게 상처를 주고, 좌절을 줍니다. 우리는 정직한 칭찬과 진실성 없는 아첨을 구별할 줄 알아야 합니다.
 최고의 인간관계 기술은 칭찬입니다. 타인에게서 좋은 점을 찾아내어 이야기해 주는 것은 좋은 일입니다. 우리는 타인의 칭찬 속에서 자랐습니다. 사람은 근본적으로 누구나 위대하고 훌륭합니다. 타인 속에 있는 위대함과 아름다움을 발견하는 눈을 기르는 것이 칭찬의 첫

걸음입니다. 그리고 찾아내는 대로 그에게 이야기해 줄 수 있는 힘을 기르는 것이 칭찬의 실제입니다.

남편들은 강한 척하지만 사실 아내에게 칭찬을 들으면 어린아이처럼 세상을 다 얻은 것과 같은 힘을 얻습니다. 남편들이 듣고 싶어 하는 칭찬이 있습니다. 그것은 "당신만 생각하면 마음이 든든해요!", "당신은 옷거리가 좋아서 무슨 옷이든지 잘 어울려요!", "오늘 참 애쓰셨어요!", "우리 아이들이 뭐라고 하는 줄 아세요? 이 세상에서 당신을 제일로 존경한대요.", "우리 아빠같이 잘생긴 사람이 없대요.", "내가 당신을 만나지 못했다면 어땠을까를 생각하면 지금도 아찔해요.", "이 세상에 당신 같은 사람은 아무도 없을 거예요.", "당신은 무엇이나 잘 먹어 주어서 얼마나 고마운지 몰라요."라고 합니다.

아내가 듣고 싶어 하는 칭찬도 있습니다. "나의 일생 중 최고의 선택은 바로 당신이야!", "다시 태어나도 당신과 함께 살았으면 좋겠어!", "오늘 힘들지 않았어? 당신 내조 때문에 내가 살고 있어! 고마워.", "직장에서 큰소리치고 사는 사람은 나밖에 없을 거야!", "당신 음식 솜씨는 꼭 장모님을 닮은 것 같아!", "당신, 모델로 나가도 되겠어!", "당신 정말 멋있어!", "너무나 매력적이야!", "당신을 쳐다보면 포근한 어머니 생각이 나!"라고 합니다. 칭찬은 가장 돈이 적게 드는 인생 투자입니다. 그 칭찬을 받은 사람은 인생의 가장 든든한 투자자로부터 최고의 인생을 일궈 나갈 힘을 얻습니다.

경제지수와 부패지수

우리나라의 경제성장은 문자 그대로 괄목할 만합니다. 미국의 전 대통령 조지 부시와 당시 국방부장관이었던 도널드 럼즈펠드는 이라크 전쟁이 끝난 뒤 기회 있을 때마다 '코리아'를 이라크의 재건 모델로 언급했습니다. "Look Korea!"(한국을 보라!) 이것이 그들이 이라크에 던진 도전이었습니다. 이라크 무역부 관료들이 한국국제협력단(KOICA) 초청으로 한국을 방문한 적이 있습니다. 전쟁으로 폐허가 된 한국이 고도의 경제성장을 이룩한 노하우를 배우기 위해서입니다. 한국은 이제 폐허 가운데서 성공적으로 일어선 나라라고 인정받고 있습니다. 실제로 우리가 보기에도 이전에 비해 대단히 성장했습니다.

한국은 '88 올림픽'과 '2002 한일월드컵' 등을 개최하고 경제협력개발기구(OECD)에 가입하는 등 경제대국으로 우뚝 섰습니다. 2011년에는 세계 7위의 수출대국이 되었고 세계 최고의 수출신장을 기록했습니다. 국내총생산(GDP)은 세계 180여 개국 가운데 15위로 개인 소득은 23,000달러를 상회하고 있습니다. 우리의 경제 발전은 자랑이 아닐 수 없습니다.

우리나라의 지식지수도 아주 높습니다. 우리나라의 학력수준은 세계에서 가장 높은 나라 중의 하나입니다. 그러나 고학력자가 많음과 동시에 고학력 실업률도 가장 높은 나라입니다. 과학지수는 말할 것도 없습니다. 현대를 이끌어 가는 여섯 가지 기술이 있습니다. 정보기술(IT), 나노기술(NT), 생명공학기술(BT), 환경공학기술(ET), 문화콘텐츠기술(CT), 우주항공기술(ST)입니다. 이 가운데 정보기술, 나노기술, 생명공학 등은 세계 최첨단으로 손색이 없습니다.

그러나 우리에게 가장 미흡하고 낙후된 분야가 있습니다. 이것은 투명성이 모자라고 부패지수가 높다는 것입니다. 2012년 국제투명성기구(TI)에서 발표한 자료를 보면 한국의 부패지수는 176개국 가운데 45위였습니다. 세계에서 가장 덜 부패된 나라는 덴마크, 그리고 핀란드라고 합니다. 이러한 부패지수는 우리의 경제지수나 지식지수에 비해 볼 때 너무나 부끄러운 통계입니다. 경제나 과학은 이미 선진국이지만 도덕성에 있어서는 후진성을 벗어나지 못하고 있는 상태입니다. 우리가 일본을 왜놈이라고 욕하지만 일본에 비해서 위증은 761배, 무고는 4,600배나 더 많다고 합니다.

아무리 경제가 성장하고, 지식수준이 높고, 과학이 발달했다고 하더라도 부패지수가 높으면 선진국의 대접을 받을 수 없습니다. 투명하지 않은 나라에는 투자도 한계가 있습니다. 경제지수만을 가지고 선진국 행세를 하는 것은 어리석은 일입니다. 진정한 선진국이 되기 위해서는 도덕지수가 높아져야 합니다. 도덕지수를 높여 확실한 선진국이 되어야 할 때입니다.

자기 사랑

제2차 세계대전 후 일본의 천황 히로히토는 "내가 신처럼 군림하는 것이 얼마나 힘든 일이었는지 사람들은 상상도 못할 것"이라고 실토하였습니다. 우리는 우리들 자신의 모습이 아닌 어떤 사람인 체하기 위해서 엄청난 스트레스를 받습니다. 사람들의 자기 과대·과시는 가장 피곤한 일 가운데 하나입니다. 그것은 마치 풍선을 물속에 붙잡아 두기 위해 애쓰는 것과 같습니다.

반면에 자기 자신을 하나님이 지으신 가장 아름다운 창조물로 보는 것도 어려운 일입니다. 많은 사람들은 자신을 과소평가하고 자신의 고귀함을 좀처럼 발견하지 못하고 삽니다. 그래서 때로는 좌절하고, 심하면 자기학대로 이어지게 됩니다. 성자 어거스틴도 이렇게 표현합니다. "사람들은 넓은 바다를 보기 위해 수백 마일을 여행합니다. 경이에 찬 눈으로 하늘을 쳐다보고 산과 들판, 강과 개울을 보며 감탄하기도 합니다. 그러나 정작 하나님의 최대의 걸작품인 자기 자신의 아름다움을 간과하고 있습니다."

자신의 소중함을 아는 것은 삶을 풍요롭게 하는 향료와 같습니다. 사람은 누구나 소중합니다. 모든 일은 내 자신의 소중함을 아는 것으로부터 시작됩니다. 그리고 나 자신을 아는 것에는 몇 단계가 있습니다. 첫째는 내 자신이 하나님의 피조물이라는 사실을 인정하는 것입니다. 둘째는 내 자신이 하나님 앞에서 죄인이라는 사실을 아는 지혜입니다. 셋째는 죄 사함을 받고 사랑받는 하나님의 자녀가 되는 것입니다. 그러므로 인간은 하나님을 떠나서는 존재 가치가 없으며 자신을 알 수도 없습니다.

파울로 코엘료는 소설 「11분」에서 자신에게 가장 중요한 세 가지는 명예, 긍지, 자신에 대한 존중이라고 말했습니다. 인간에게 명예와 긍지를 지켜 나가는 것은 생명을 지키는 것과 같습니다. 이것을 지키기 위하여 실제로 자신의 목숨을 버리는 사람도 있습니다. 자기에 대한 존중도 마찬가지입니다. 자기를 존중하지 않는 사람은 누구의 존중도 받지 못합니다. 이 모든 것은 하나님 안에서만 가능하며 하나님을 아는 지식이 자신에 대한 지식을 줍니다.

자기 경시는 하나의 범죄입니다. 하나님이 사랑하시는 자기를 경시하거나 미워해서는 안 됩니다. 사람들은 자기를 사랑할 줄 아는 자를 사랑합니다. 그리고 자기를 사랑하지 않는 사람은 다른 사람도 사랑할 수 없습니다. 하지만 자기애와 자기중심을 혼동해서는 안 됩니다. 자신을 사랑하며 자신을 신뢰하는 사람이 자신감을 가집니다. 자신감이란 외부에서 만들어지는 것이 아니라 결국 자신의 내부에서 만들어지는 것입니다. 그것은 바로 자기 자신의 능력이나 판단, 그리고 행동에 확신을 갖는 것을 의미합니다. 자신을 사랑하며 모든 일을 자신감 넘치게 수행하는 삶이 되기를 바랍니다.

두려움을 극복하는 비결

사람은 누구나 두려움을 가지고 있습니다. 두려움이란 하나님을 떠난 인간의 죄성으로 인간의 마음의 뿌리에 자리 잡게 되었습니다. 아담이 하나님 보기를 두려워한 에덴의 비극은 지금도 에덴의 동쪽에서 끊임없이 일어나고 있는 일입니다. '두려워하지 말라'는 말은 구약에서는 107번, 신약에서는 42번이나 언급되고 있습니다. 두려움은 기쁨과 평안을 앗아 가는 도둑입니다.

사람들은 무엇을 움켜쥐고 있다가 놓을 때 두려움을 느낍니다. 잃는 것에 대한 두려움을 느끼는 것입니다. 사람들은 자신의 익숙한 삶에서 다른 삶으로 옮겨 갈 때 두려움을 느낍니다. 변화에 대한 두려움입니다. 사람들은 한번도 경험해 보지 못한 앞날에 대해 막연한 두려움을 느낍니다. 미지의 세계에 대한 두려움입니다. 그 외에도 사람들은 경외감을 불러일으키는 대상에 대해 두려움을 느낍니다. 신비에 대한 두려움입니다.

사람들이 가난을 두려워한다면 돈이 드라빔이 될 것입니다. 무지를 두려워한다면 지식이 우상이 될 것입니다. 실패를 두려워한다면 성공이 금송아지가 될 것입니다. 혼자 있는 것을 두려워한다면 인간관계가 산성이 될 것입니다. 죽음을 두려워한다면 건강식품이 신이 될 것입니다.

진정한 그리스도인은 두려움을 극복해야 합니다. 두려움을 극복하는 비결은 하나님만을 경외하는 것입니다. 그리스도인은 사람을 두려워하지 않는 법을 배워야 합니다. 하나님을 참으로 경외할 때 사람들이 두렵지 않습니다. 더 이상 세상의 어떤 것도 두려움의 대상이 아닙니다.

사람은 예수 그리스도의 인격과 말씀과 만나야 절대적인 두려움에서 해방될 수 있습니다. 죽음 이후의 세계를 아는 사람들은 죽음을 두려워하지 않습니다. 미래를 보는 눈을 가진 사람은 미지의 세계에 대한 두려움을 극복할 수 있습니다. 위대한 과학자는 새로운 영역을 두려워하지 않습니다. 새로운 영역은 곧 자신의 영역을 넓혀 줄 것임을 알기 때문입니다. 위대한 탐험가는 가 보지 않은 길을 만나도 두려워하지 않습니다. 길이 없을 때 길을 낼 수 있기 때문입니다.

두려움을 영어로 'FEAR'라고 합니다. 'False'(그릇된), 'Evidence'(증거), 'Appearing'(나타나는), 'Reality'(현실), 즉 '현실로 나타나는 거짓 증거'라고 합니다. 많은 사람들은 이 거짓에 속아 두려움을 가집니다. 그리스도는 '거짓'이 없는 '참'이시기에 그분에게는 두려움이 없고, 그분을 통하여 두려움을 극복할 수 있습니다. '참'은 소망이며, 기쁨이며, 환희입니다.

나는 행복합니다

　인터넷에 '나는 날마다 행복하다' 라는 제목의 글이 올라온 적이 있습니다. 그 내용은 이렇습니다. "10대 자녀가 반항을 하면 그건 아이가 거리에서 방황하지 않고 집에 잘 있다는 것이고, 지불해야 할 세금이 있다면 그건 나에게 직장이 있다는 것이고, 파티를 하고 나서 치워야 할 게 너무 많다면 그건 친구들과 즐거운 시간을 보냈다는 것이고, 옷이 몸에 좀 낀다면 그건 잘 먹고 잘 살고 있다는 것이고, 깎아야 할 잔디, 닦아야 할 유리창, 고쳐야 할 하수구가 있다면 그건 나에게 집이 있다는 것이고, 정부에 대한 불평불만의 소리가 많이 들리면 그건 언론의 자유가 있다는 것이고, 주차장 맨 끝 먼 곳에 겨우 자리가 하나 있다면 그건 내가 걸을 수 있는 데다 차도 있다는 것이고, 난방비가 너무 많이 나왔다면 그건 내가 따뜻하게 살고 있다는 것이고, 교회에서 뒷자리에 앉은 성도의 엉터리 성가가 영 거슬린다면 그건 내가 들을 수 있다는 것이고, 세탁하고 다림질해야 할 일이 산더미라면 그건 나에게 입을 옷이 많다는 것이고, 온몸이 뻐근하고 피로하다면 그건 내가 열심히 일했다는 것이고, 이른 새벽 시끄러운 자명종 소리에 깼다면 그건 내가 살아 있다는 것이고, 그리고 이메일이 너무 많이 쏟아진다면 그건 나를 생각하는 사람들이 그만큼 많다는 것이지요."

행복은 돈으로 살 수 있는 것이 아니며 돈과 비슷하지도 않습니다. 행복은 돈으로 얻기 힘듭니다. 돈이 자신을 행복하게 해 줄 거라고 생각하는 사람은 돈을 가진 사람도 아니며 행복하지도 않은 사람입니다. 위의 글처럼 행복이란 우리의 생각이며 선택입니다. 행복은 우리가 느끼는 감정이 아니라 의식적으로 내리는 선택입니다.

우리가 행복이라고 부르는 것은 하늘에 있는 것이며 우리의 영혼 깊이 흐르는 그분의 사랑 때문에 볼 수 있고 만질 수 있는 그 나라의 것입니다. 그래서 이 땅의 것과는 전혀 다른 느낌을 주는 것입니다.

2012년 OECD에서 세계 36개국의 소득, 일자리, 주택 등을 기준으로 각국의 행복지수를 측정하고 발표했습니다. 행복지수 1위 국가는 호주였습니다. 아시아인의 행복지수는 중하위권이었습니다. 한국의 행복지수는 24위, 일본의 행복지수는 21위였습니다. 개인보다 집단을 중시하는 가치가 그대로인 문화적 지체 현상을 보이고 있다고 하였습니다. 이보다 더 중요한 것은 행복이 어디서 오느냐를 알지 못하기 때문입니다. 행복이 어디에서 오는지를 아는 것 그 자체가 행복입니다.

구구팔팔

'구구팔팔'이란 말이 있습니다. "구십구 세까지 팔팔하게 사십시오."란 말입니다. 사람은 누구나 오래 살기를 원합니다. 예로부터 장수는 오복 중의 하나라고 하였습니다. 오복의 첫째가 수(壽)로 천수를 다하는 복입니다. 둘째는 부(富)로 남에게 폐를 끼치지 않을 만큼 재물을 소유하는 복입니다. 셋째는 강녕(康寧)으로 육체적·정신적 건강을 가지고 사는 복입니다. 넷째는 유호덕(攸好德)으로 늘 덕을 좋아하며 남에게 베푸는 삶을 사는 복입니다. 다섯째는 고종명(考終命)으로 깨끗하고 적당하게 오래 살다가 고통 없이 평안히 삶을 마치는 복입니다.

미국 호놀룰루 소재 태평양건강연구교육연구소 연구팀은 약 40년간에 걸친 연구에서 80세 이상 건강하게 장수하기를 바라는 중년 남성들에게는 9가지 요소가 중요하다고 밝힌 적이 있습니다. 80세가 넘도록 장수하는 데 중요한 9가지 요소는 낮은 혈압, 낮은 혈당, 낮은 악성 콜레스테롤 수치, 강한 악력(握力), 높은 교육 수준, 과음하지 않기, 금연, 결혼, 과체중 피하기 등입니다.

이번 연구에 포함된 남성들은 연구 시작 당시인 1965년 평균 54세였는데, 이 9가지 기준들을 모두 만족시킨 남성들이 80세까지 산 확률은 80%였고 질병 없이 늙을 가능성도 훨씬 더 높았다고 연구팀은 밝혔습니다. 이 9가지 요소들을 만약 잘 관리한다면 85세에도 건강할 가능성이 60% 이상이며, 이 요소들 중 6개 이상을 충족시키지 못한다면 80세 중반까지 살 가능성은 10%도 안 된다고 하였습니다. 자신의 건강을 지키기 위한 노력만으로도 장수할 수 있습니다.

 우리는 건강해야 할 책임이 있습니다. 이 책임은 먼저 하나님께 대한 책임입니다. 우리의 몸은 하나님께서 우리에게 주신 선물입니다. 성경에 의하면 우리의 몸은 성령님이 거하시는 거룩한 성전이라고 합니다. 우리의 몸을 성전같이 지키는 책임적 자세가 필요합니다. 두 번째는 주위의 사랑하는 사람들을 위해 우리가 건강해야 할 책임이 있습니다. 우리가 건강하지 못하면 주위의 사람들에게 많은 폐를 끼치게 되고 슬픔을 주게 됩니다. 그러므로 우리의 건강은 주위 사람들의 건강과 행복과도 직결되어 있습니다.

 2010년을 기준으로 우리나라의 평균 수명은 79.1세였습니다. 그런데 건강 수명은 70세에 불과합니다. 일반적으로 약 10년은 질병을 가지고 살다가 세상을 떠나는 것입니다. 여성은 12.7년, 남성은 7.3년을 질병으로 시달립니다. 이런 국가적 건강 환경은 경제력과 비례하는 것이 아닙니다. 위의 건강의 비결들을 보면 성경적 삶에 그 답이 있습니다. '구구팔팔' 할 수 있는 비결은 결국 성경대로 사는 것입니다.

배가 따뜻해야 합니다

어릴 때 저의 할머니께서는 이런저런 전래 이야기들을 많이 들려주셨습니다. 배운 것이 많지는 않으셨지만 지금 생각하면 참 지혜가 담긴 이야기들이 많았습니다. 지금까지 기억하고 있는 여러 가지 이야기 가운데 이런 이야기가 있습니다. 사람이 건강하기 위해서는 머리는 차가워야 하고, 발은 따뜻해야 하고, 배는 좀 곯아야 한다고 하셨습니다. 지금 생각해도 그 말은 지혜롭고도 지당한 말입니다. 차가운 머리와 따뜻한 발과 조금은 고픈 듯한 배는 건강의 척도입니다.

배는 고픈 듯하면서 동시에 차지 않아야 한다고 합니다. 배가 차면 혈관이 경직되고 좁아집니다. 혈관은 피를 공급하는 통로로서 영양공급과 온열세포의 활동을 위해 온도유지 작용을 합니다. 배가 차면 혈관이 좁아져 영양공급이 약해집니다. 나아가서 온도가 떨어지면 온열세포의 활동력이 급격히 떨어지게 됩니다. 그러므로 배는 차가우면 안 되고 따뜻해야 합니다.

배는 장기의 70%가 모여 있는 곳입니다. 배의 온도가 낮으면 당연히 장기의 기능도 약화되고 배의 온도를 유지하기 위해 지방을 축적하게 되어 비만의 원인이 되기도 합니다. 그러므로 배를 따뜻하게 하는 것은 비만을 예방하는 효과도 있다고 합니다.

좀 더 설명하자면, 배가 차가우면 혈액순환이 잘되지 않고 온열세포의 저항력이 약해집니다. 그리고 차가운 배를 방치하면 보온하기 위하여 지방을 축적할 뿐만 아니라 혈관이 좁아지고 팽창되지 않습니다. 쌓이는 지방은 오히려 혈관을 압박하여 배를 더 차갑게 만드는 악순환이 반복됩니다. 그 결과 장기들의 활동이 약화되어 몸에 다양한 문제가 발생할 수도 있습니다.

「동의보감」에는 뱃속을 항상 따뜻하게 데우는 사람은 자연히 모든 질병이 생기지 않으며 혈기가 왕성해진다고 기록되어 있습니다. 이런 여러 가지 이유로 한방에서는 겨울뿐만 아니라 여름에도 배는 항상 따뜻하게 보호해야 한다고 권합니다. 경험상으로 볼 때에도 배가 따뜻하면 건강에 많은 도움을 얻을 수 있습니다.

마찬가지로 교회도 항상 배가 조금은 고픈 듯해야 합니다. 내 것으로 내 배를 다 채우지 말아야 합니다. 내 것으로 남의 배를 채우고 내 배는 조금은 비워 놓는 것이 건강한 교회입니다. 그리고 교회의 배는 따뜻해야 합니다. 조금은 비어 있어도 따뜻해야 내 것으로 다른 사람의 배를 채워 줄 수 있을 것입니다.

예수님을 믿는 사람들은 그 배에서 생수의 강의 흘러납니다(요 7 : 38). 교회의 배는 생수의 강이 흐를 수 있을 만큼 비어 있어야 하고 따뜻해야 합니다.

비저너리

'비저너리'(visionary)란 말은 '공상적인', '환영을 쫓는', '망상적인', 그리고 심지어는 '비실제적인'이란 뜻을 가진 형용사입니다. 그러나 이 말이 명사로 쓰일 때는 '공상가', '꿈꾸는 사람', '환상가' 혹은 '몽상가'란 말이 됩니다. 지도자는 누구나 비저너리여야 합니다. 크리스천은 누구나 지도자입니다. 그러므로 모든 크리스천은 비저너리여야 합니다. 크리스천은 꿈을 꾸는 사람이며 늘 비전을 품고 사는 사람입니다.

비전이란 단어의 뜻은 '시야', '환상'입니다. 비전이란 문자적으로 해석하면 환상입니다. 그러나 비전이란 의미는 미래에 대한 구상 혹은 미래상을 뜻합니다. 비전은 현실에 없는 것을 가정해 내는 힘입니다. 비전은 종래의 고정관념에 사로잡히지 않고 발상의 대전환을 이루는 것입니다. 그러므로 비전이란 때로는 현실에 맞지 않고 엉뚱해 보일 수도 있습니다. 그래서 비저너리는 엉뚱한 사람이라고 이해되기도 합니다.

비전은 공동체를 이끌어 가는 내적 요소입니다. 공동체의 방향성을 제시하는 힘이 비전입니다. 보이지 않는 공동체의 가치를 보이게 하는 것이 비전입니다. 공동체의 계획을 진행하게 하는 능력이 비전입니다. 그러므로 공동체가 비전을 가지는 것은 중요하며, 비저너리가 가진 비전을 공동체가 공유하는 것은 필수적입니다.

비전은 공동체의 지속적 발전과 결속을 위한 핵심 동력입니다. 비전이 없으면 팀워크는 와해되고 공동체의 존재 이유가 상실됩니다. 공동체의 초점을 제시하는 구심력인 비전을 잃으면 구성원의 힘이 발휘될 수 없습니다. 리더에게 있어서 가장 중요한 일은 비전을 제시하는 일입니다. 비전을 제시하는 것은 미래를 제공하는 것입니다. 그러므로 모든 리더는 비저너리가 되어야 합니다.

어느 시대나 리더는 비저너리입니다. 리더십은 단순히 사람을 이끄는 것이 아니라 비전을 보여 주는 다양성을 지닌 기술입니다. 리더십은 다른 사람을 통제하는 역량이나 기술이 아니라 리더가 리더로 인정받는 역량을 가지고 충성과 신뢰를 유지할 수 있는 특성입니다. 리더십이란 그룹이 추구하는 목표를 위해 추종자들이 기꺼이 노력하도록 영향을 끼치는 행위입니다. 리더십이란 사람들로 하여금 공동의 목표를 성취할 수 있도록 이끄는 영향력을 행사하는 일입니다. 리더십이란 공동체의 공동의 목표를 성취할 수 있도록 하는 영향력입니다. 리더십이 영향력이라면 리더는 공동체에 비전을 제시할 때에 비로소 영향력을 발휘할 수 있습니다. 우리 모두가 비저너리가 되고, 우리 모두가 리더가 됩시다.

좋은 잠의 해답

나폴레옹은 생전에 "남자는 4시간, 여자는 5시간, 그리고 바보는 6시간 잔다."고 했습니다. 전쟁터에서도 하루 3시간 이상을 자지 않았다는 그는 10분 정도 잠깐씩 눈을 붙이는 토막잠을 즐겼습니다. 위인들의 수면 시간은 천태만상입니다. 에디슨은 하루에 5시간, 아인슈타인은 10시간 가까이 잠을 잤다고 전해지고 있습니다. 결국 적절한 수면이 몇 시간인가 하는 문제는 사람마다 다르고 수면과 수명의 관계도 확실히 증명된 것이 없습니다.

잠자는 시간은 분명히 건강과 밀접한 관련이 있습니다. 지속적인 수면부족이나 수면박탈은 고혈압이나 우울증을 유발하며, 그러면 체내 인슐린 생산이 줄어들어 당뇨 위험도 높아집니다. 연구결과에 의하면 하루 4시간 이하 또는 8시간 이상 잠을 자는 사람들의 사망률이 가장 높습니다. 7~8시간 정도 자는 이들의 사망률이 가장 낮았습니다. 수면시간은 비만에도 영향을 미쳤는데 잠을 적게 잘수록 더 뚱뚱하다고 합니다.

일반적으로 최소한의 수면권장량은 8시간이라고 합니다. 그러나 현대인들의 생활형태 때문에 그렇게 잘 수 있는 사람이 거의 없습니다. 가장 중요한 문제는 양질의 수면을 취해야 한다는 것입니다. 사람은 체온이 낮을 때에 숙면을 취할 수가 있으므로 체온이 최저가 되는 오전 2~4시 사이에는 반드시 잠을 자는 것이 좋고, 그 시간이 가장 숙면하기에 좋은 시간대라고 합니다. 잠을 짧게 자는 사람은 오래 자는 사람에 비해 빨리 잠들고 깊은 수면을 취하며 밤중에 눈을 뜨는 일도 적고 꿈을 꾸는 횟수도 적다고 합니다. 그러므로 오래 자는 것보다 약간은 짧은 듯한 양질의 잠, 즉 깊은 잠을 자는 것이 좋습니다.

수많은 사람들이 수면부족이나 박탈로 고통당하고 있습니다. 수면부족으로 고생하는 야생동물은 어디에도 없습니다. 인간만이 수면장애로 고민합니다. 미국을 비롯한 세계 각국에서는 수면제 판매량이 매년 늘어나고 있습니다. 미국인 가운데 10% 이상이 밤에 잠을 제대로 못 자거나 숙면을 취하지 못한다고 합니다. 수면제 복용이나 수면을 위한 대체 요법에 엄청난 돈을 소비하고 있고, 수면부족으로 학업 부진을 호소하는 십대들이 늘어나고 있으며, 불면증에 허덕이는 사람들이 날로 늘어나고 있습니다.

잠만 제대로 자도 행복과 성공을 얻을 수 있습니다. 충분한 수면이 뇌에 영감을 가져다줍니다. 좋은 잠은 수면 시간보다 수면 리듬이 결정합니다. 좋은 잠은 인간 외적 요인으로 제공되는 것이 아니라 인간 내적 요인으로 얻어지는 것입니다. 그것은 하나님의 사랑입니다. 사랑하는 자에게 잠을 주신다는 하나님의 말씀이 좋은 잠의 유일한 해답입니다.

안락사

지구촌에 다시 거센 안락사 논란이 일기 시작했습니다. '안락사'란 살아날 가망이 없는 병자의 고통을 덜어 주기 위하여 인위적으로 죽음에 이르게 하는 일로 '안사술'(安死術)이라고도 합니다. 이런 안락사의 논쟁은 현대의학에서 인공소생술의 발달로 말미암아 가열되었습니다.

세계 최초로 안락사를 합법화한 나라는 네덜란드입니다. 네덜란드는 의사의 극약 처방을 받아 생을 마감하는 '적극적 안락사'를 인정합니다. 그 뒤를 이어 여러 나라들이 안락사를 합법화하고 있지만 아직도 거의 대부분의 나라에서는 안락사를 불법으로 규정하고 있습니다. 프랑스와 독일에서는 인간적 위엄을 갖춘 죽음의 선택을 위해 안락사를 인정해야 한다는 주장도 있습니다. 그럼에도 불구하고 현재까지는 안락사에 대한 반대 여론이 안락사를 주장하고 정당화하는 여론보다 훨씬 많은 편입니다. 그러나 최근에 와서는 인위적인 연명은 싫다는 것이 일반적 여론입니다.

1975년 미국 뉴저지에서는 회생 가망이 없는 딸이 품위와 존엄 속에 죽을 수 있게 해 달라며, 부모가 병원에 직접 호흡기를 제거해 달라고 요구한 일이 있습니다. 당연히 의사는 호흡기 제거를 거부하였고 부모는 법원으로부터 호흡기 제거 허가 판결을 받았습니다. 생명의 인위적 연장을 포기하는 '소극적 안락사'를 법원이 처음으로 인정한 판결이었습니다. 적극적 안락사가 죽이는 것이라면 소극적 안락사는 죽게 방치하는 것입니다.

15년 동안 식물인간으로 살아온 테리 샤이보의 죽음은 당시 미국뿐만 아니라 전 세계적으로 안락사의 논란을 일으켰습니다. 그녀는 법원의 명령으로 영양공급관이 제거된 지 13일 만에 숨을 거두었습니다. 샤이보의 사건은 생명연장을 반대하던 남편과 찬성하던 부모가 그녀의 생명을 놓고 줄다리기를 거듭하면서 뜨겁게 여론화되었습니다.

어느 여론조사에 의하면 소극적 안락사 찬성은 69%에 이르렀습니다. 의식불명이 될 경우에 대비해 환자가 미리 치료거부 의사를 밝혀두면 그 뜻을 존중해 주는 '존엄사'도 찬성률이 71%나 되었습니다. 적극적 안락사도 56%의 지지를 받았습니다. 사는 것과 더불어 죽는 것도 이제는 선택할 수 있는 시대가 된 것입니다. 즉, 살아 있을 때에 죽음을 선택하는 시대입니다.

영어의 안락사라는 말 'Euthanasia'는 그리스어에서 나온 말입니다. 이 말은 '좋은 죽음', '기쁜 죽음' 혹은 '편안한 죽음'이란 뜻입니다. 죽을 수밖에 없는 존재인 인간에게 좋은 죽음, 기쁜 죽음은 있을 수 없습니다. 죽음은 그 자체가 고통입니다. 그러나 영생을 소유한 자에게 죽음은 슬픔과 고통만은 아닙니다. 기쁨과 편안함이 있는 죽음입니다. 복음을 심어 주고, 죽음 이후의 삶을 소망하며 편안하게 죽게 하는 것이야말로 진정한 안락사입니다.

정 열   환 희   분 별   성 장   활 기   **하 나 됨**   생 기

제 6 장
하나 됨

oneness

'하나 됨'이 가진 색은 남색입니다.

남색은 조화를 의미하며
둘이 하나가 되게 하는 힘을 나타냅니다.

#하나 됨

뜻, 마음, 생각 따위가
한결같거나
일치한 상태

인간은 다른 사람의 고통을 보는 것만으로도 자신이 아픔을 느끼는 감정을 가집니다. 이런 신경회로를 가진 인간은 다른 사람의 감정이 전염이 되어 다른 사람의 아픔을 자신의 아픔으로 느낍니다. 감정의 상호작용은 다른 사람의 행복을 나의 행복으로 느끼게 하고, 다른 사람의 성취를 나의 성취로 기뻐하게 합니다. 인간이 사회적으로 연결될 때 놀라운 일들이 일어납니다.

● 인디언 보호구역

오래전 미국에서 박사과정을 공부할 때였습니다. 아침 기도회 시간 끝에는 항상 기도제목들을 함께 나누었습니다. 어느 미국인이 "남아프리카의 인종분리정책을 위하여 기도하자."고 하였습니다. 그때는 한참 인종분리 문제가 심각했었습니다. 저는 예배가 끝나고 교실에 와서 미국인들에게 말했습니다. "당신들이 인종분리정책을 위하여 기도할 자격이 있느냐? 지금도 인디언 보호구역이 있고, 2차 대전 때 일본인들을 포로수용소에 감금한 당신들은 그 자격이 없고, 5천 년의 역사 가운데 한 번도 다른 나라를 지배하거나 침범한 일이 없는 우리나라 사람이 드려야 한다." 사실은 지배할 힘이 없었던 것일지도 모르는데 약한 것이 우리에게는 강한 것이 되었습니다.

미국에는 지금도 인디언 보호구역이 있습니다. 말이 좋아 보호구역이지 인디언 말살 정책의 하나로 내려오고 있는 미국식 보호 정책입니다. 거대한 대륙을 강점한 백인들은 본토인인 아메리카 인디언에 대한 묘한 콤플렉스를 가지고 있는 듯합니다. 그래서 지금도 인디언들에게 여러 가지 특혜를 주고 있습니다. 세금을 감면하고, 사회보장 제도를 확대하는 주도 많이 있습니다.

2004년 12월 1일에는 미국 보스턴의 '인디언 출입 금지' 규정이

329년 만에 정식으로 폐지되었습니다. 영국 식민지 시대인 1675년 매사추세츠주의 인디언 부족인 왐파노아그족과 인근 플리머스시의 백인 정착민 사이에는 싸움이 끊이지 않았습니다. 인디언과 백인의 싸움이 절정에 달했을 때 인디언들이 시내에 나타나 백인 시민들을 괴롭히는 것을 방지하기 위해 '인디언 수감법'을 제정했던 것입니다. 이 법이 제정된 후 300년 이상이 흐르면서 이 법은 사실상 사문화되었지만 이 법의 폐지 절차를 밟지 않은 상태였기에 형식적으로는 여전히 유효했던 법률이었으므로 시의회는 2004년 12월 1일 이 청원을 심의해 통과시킨 것입니다.

　백인들이 인디언에게 갖고 있는 콤플렉스 이상의 콤플렉스가 있습니다. 사탄이 하나님의 사람에게 갖는 콤플렉스입니다. 사탄은 끊임없이 더 이상 유효하지 않은 법을 보이며 절망하게 합니다. 과거의 죄를 가지고 다시 법으로 정죄합니다. 앞으로 가려고 할 때마다 법을 가지고 뒤를 돌아보게 하고 발목을 잡습니다. 미래를 지향하려는 비전을 보면 법을 들고 나와 지난날의 실패를 따지며 과거를 회상하게 합니다. 이것이 사망의 법에 매달리게 하는 사탄의 수법입니다. 사탄은 이미 사문화된 법까지 절대 포기하지 않고 우리를 압박하는 수단으로 사용합니다. 이런 사탄의 수법에 대하여 복음은 말합니다. "너희가 법 아래에 있지 아니하고 은혜 아래에 있음이라"(롬 6 : 14). 우리는 더 이상 법의 보호구역에 있는 사람이 아닌 하나님의 은혜구역에 있는 사람입니다.

●
동굴 속의 사람

동굴이란 암석이나 빙하 속에 자연의 영력(營力)으로 형성된 큰 구멍을 말합니다. 일반적으로 사람이 그 속으로 들어가기에 충분한 정도의 넓이와 태양광선이 닿지 않는 어두운 지대를 가리켜 동굴이라 합니다. 동굴에는 종유동(鍾乳洞), 해식동(海蝕洞), 풍식동(風蝕洞), 응회암동(凝灰岩洞), 용암동(熔岩洞) 등이 있습니다. 우리나라에도 고씨동굴, 고수동굴, 제주도의 만장굴 등이 있습니다. 동굴마다 오랜 전설이 있는데 이는 동굴이 가진 신비로움 때문일 것입니다.

플라톤의 「국가론」 제7권에 유명한 '동굴의 비유'가 나옵니다. 동굴 안에서 입구 쪽으로 등을 돌리고 한쪽 방향만 볼 수 있도록 머리를 고정시켜 묶은 죄수를 상상하게 함으로써 그와 상대적으로 구별된, 볼 수 있는 세계와 사유할 수 있는 세계를 비교하여 설명합니다. 이때 죄수는 등 뒤에 있는 불빛에 의하여 앞면 벽에 비치는 사람이나 동물의 그림자를 실재라고 생각하게 됩니다. 이것이 볼 수 있는 세계에 대립되는 우리들의 관계인 것입니다. 죄수는 석방된 뒤에 불빛에 의해서 비친 그림자의 본체를 보게 되더라도 여전히 그림자 쪽을 진실이라고 생각하게 됩니다. 인간은 동굴 속에 사는 사람처럼 자기가 보는 것만 진실이라고 생각하는 어리석음이 있습니다.

오래전 한 신문에서 지난 40년 동안 동굴에서 혼자 산 어느 남자에 대한 기사를 본 적이 있습니다. 남태평양 솔로몬 군도의 필립 우두오타라는 남자가 지난 1964년부터 최근까지 밀림이 우거진 산속 동굴에서 혼자 살아오다 여든을 바라보는 나이에 비로소 집으로 돌아왔다고 했습니다. 이 남자는 그동안 숲 속에서 먹을 것을 구해 먹으며 혼자 살아왔습니다. 그러나 동굴 속의 불씨가 꺼지는 바람에 불을 찾아 고향 마을로 돌아왔다가 친척들이 붙잡아 동굴로 돌아가지 않고 고향에 머물게 되었다고 합니다.

이 사람이 고향으로 돌아온 것은 동굴 속의 불이 꺼졌기 때문입니다. 동굴 속의 죄수가 불빛에 비치는 그림자가 실재라고 생각하고 살았던 어리석음을 불씨가 꺼지자 벗어 버리게 된 것입니다. 이 사람은 동굴 속의 불씨가 꺼진 것을 운이 없다며 억울하게 생각했을지도 모릅니다. 하지만 불씨가 꺼진 것이야말로 비로소 자신의 참모습을 찾게 된 다행스러운 일이었습니다.

사람은 관계 속에서 참사람이 됩니다. 기독교는 관계의 종교이며 성경적인 영성은 관계 지향적입니다. 이 관계는 하나님과의 관계이며 사람과의 관계입니다. 관계는 자라며 관계의 성장은 생명을 성장하게 합니다. 인생에서 가장 중요한 것은 성취나 성공이 아닌 관계입니다. 가장 소중한 인생을 살고 성공적 삶을 살기 위해서는 동굴에서 나와 관계를 맺으며 그림자가 아닌 참모습을 찾아야 합니다.

● 남아 있는 것만으로도

　세계적 바이올리니스트 이츠하크 펄먼이라는 사람이 있습니다. 펄먼은 어린 시절 심한 소아마비에 걸렸기 때문에, 양쪽 다리에 보조 장치를 하고서도 두 개의 목발에 의존해야만 했습니다. 그래서 무대에 서는 것도 쉬운 일이 아닙니다. 여러 해 전 펄먼이 뉴욕 링컨 센터의 애버리 피셔 홀에서 초청 연주회를 가졌습니다. 그는 매우 힘겹게 무대 중앙의 의자까지 걸어가서 천천히 자리에 앉았습니다. 그리고 앞에 놓인 바이올린을 들어 턱에 받치고는, 지휘자를 향해 준비가 되었음을 알렸습니다.

　청중은 숨을 죽이고서 그 모든 과정을 지켜보았습니다. 그런데 연주가 시작되고 불과 두세 소절밖에 진행되지 않았을 때, 바이올린의 현 하나가 끊어진 것입니다. 마치 총을 쏜 것처럼 "탕!" 하는 소리가 연주회장에 울려 퍼졌습니다. 청중은 이제 펄먼이 어떻게 할 것인지에 대해 예상했습니다. 펄먼이 보조대를 다리에 묶은 뒤, 목발을 집어 들고서 밖으로 나가 다른 바이올린으로 바꾸든지, 아니면 줄을 갈아 끼워 다시 힘겹게 무대로 되돌아올 것이라고 생각했습니다. 하지만 펄먼은 그렇게 하지 않았습니다. 대신 그는 잠시 눈을 감고 앉아 있다가, 지휘자에게 다시 연주를 시작하라는 신호를 보냈습니다. 그의 의

지에 따라 오케스트라의 연주가 다시 이어졌고, 펄먼은 중단됐던 부분에서부터 바이올린 연주를 계속 이어 나갔습니다. 현 하나가 끊어진 채로, 그는 청중이 이제껏 들어 본 적 없는 뜨거운 열정과 힘과 순수성으로 넘쳐 나는 새로운 곡을 연주해 나갔습니다. 그는 남아 있는 세 줄만으로 곡을 연주하기 위해, 머릿속에서 매 순간 편곡을 하고, 변화를 시도하여 마침내 전에 들어 보지 못한 완전히 새로운 음률을 창조해 낸 것입니다.

그가 연주를 마치자, 연주회장에는 잠시 경이에 찬 침묵이 흘렀습니다. 이윽고 청중은 일제히 일어나 열광적인 박수를 보내기 시작했습니다. 그가 이루어 낸 놀라운 연주에 대해, 지휘자를 포함한 모두가 큰 찬사를 보냈습니다. 펄먼은 미소를 지으며 이마의 땀을 닦은 뒤, 침착하고 울림 있는 목소리로 말했습니다. "때로는 자신에게 남아 있는 것들을 갖고 아름다운 작품을 창조하는 것이 예술가가 하는 일입니다." 이 말을 하고 펄먼은 다리 보조대를 묶은 뒤, 목발을 짚고서 열광적인 박수갈채 속에 무대를 떠났습니다.

사람은 누구나 현재 가진 것이 있고, 또한 갖지 못한 것이 있습니다. 인생에서 현재 자신에게 없는 것을 구하려는 노력은 매우 소중합니다. 그러나 이보다 더 중요한 것은 내게 있는 것에 만족하는 일입니다. 우리는 내게 있는 것만으로도 얼마든지 행복할 수 있습니다.

여성과 교회

성경이 기록될 당시는 남성중심사회라는 특수 환경이었습니다. 이런 환경적 배경 때문에 성경은 남성중심적 표현들로 가득 차 있습니다. 성경은 남성의 눈으로 본 세계를 그리고 있고, 이런 오랜 사상은 성경에는 오류가 없고 일점일획도 변하지 않는다는 논리로 문자적으로 해석되어 왔습니다.

그 결과 여성에 대한 인격적 비하를 성경적이라고 생각했고, 여성은 교회에서 역할은 있지만 지위가 없는 역설적 위치를 가지고 있었습니다. 교회 안에서 여성은 다수를 차지하고 있지만 의결 기구에 들어갈 수 없었습니다.

그러나 성경 그 어디에도 여성을 비하하는 구절은 없습니다. 여성을 비하하는 듯이 보이는 구절들도 당시의 배경을 살펴보면 실제로는 그렇지 않습니다. 그래서 다른 많은 교단들이 앞서 여성에게 안수하고, 교회에서의 여성의 역할을 증대하였으며, 우리 교단도 이에 합류하여 여성들이 자신의 자리를 점점 찾아가고 있습니다. 여성의 자리매김은 교회를 안정되게 하고 있습니다.

여성이 사회에서 자신의 자리를 찾아야 하는 가장 중요한 두 자리가 있습니다. 한 자리는 가정이고, 다른 한 자리는 교회입니다. 왜냐하면 이 두 자리는 성경적으로도 가장 기초가 되는 기관이며 하나님이 이 세상에 직접 만드신 기관이기 때문입니다. 가정과 교회는 사회에서 말하는 조직이 아닙니다. 조직은 목적에 의하여 사람들이 모였다가 그 목적이 성취되거나 성취될 가능성이 없으면 해체가 가능합니다. 그러나 가정과 교회는 이런 집합이나 해체가 불가능한 기관입니다. 그래서 가정과 교회는 조직이 아니라 유기체라고 부릅니다.

가정과 교회의 주인은 하나님입니다. 화란의 화가 렘브란트의 "탕자의 귀향"이란 그림이 있습니다. 그 그림에서 하나님을 나타내는 인물은 한 손은 남자, 한 손은 여자의 손을 하고 있습니다. 여기서 묘사된 하나님은 남자로서의 사랑과 여자로서의 사랑을 모두 보여 주는 아버지와 어머니로 표현되고 있는 것입니다. 하나님은 때로는 아버지처럼, 때로는 어머니처럼 하나님의 사람을 사랑하시고 인도하시고 도와주십니다.

그러므로 가정과 교회는 하나님의 손으로 지어져야만 좋은 유기체가 될 수 있습니다. 하나님의 남성다움이 남성을 통하여, 하나님의 여성다움이 여성을 통하여 구현되는 곳이 좋은 가정이며 교회입니다. 그러므로 여성은 가정과 교회로부터 인정을 받아야 합니다. 톨스토이의 말처럼 가정에서 행복할 수 없는 여자는 어디에 가도 행복할 수 없습니다. 우리 교회는 하나님의 손이 이끄는 교회가 되어 여성들이 자신의 위치를 찾을 수 있도록 해야 합니다.

바울과 바나바의 갈등

사도행전은 바울과 바나바의 갈등을 기록하고 있습니다. 2차 전도여행의 목전에서 바울과 바나바는 치명적 갈등을 겪습니다. 바나바는 마가를 데리고 가자고 제안을 하였고 바울은 이를 거부하였습니다. 왜냐하면 마가는 1차 전도여행 도중 밤빌리아 버가에서 도중하차하여 집으로 돌아갔기 때문입니다. 바나바는 그 이름처럼 위로자였고, 유순한 성격의 소유자였으며, 마가가 자신의 생질이라는 혈연관계 때문에 마가를 데리고 가자고 했을 것입니다. 그러나 바울은 전도여행 도중 전도 팀을 이탈한 마가를 도저히 용납할 수 없었습니다. 이러한 이견으로 바나바와 바울은 서로 결별하게 되었고 바울은 실라를 데리고 육로를 통해 다소로 갔고, 바나바는 마가와 함께 해로를 통해 구브로로 향하였습니다(행 15 : 37 - 41). 이렇게 결별한 바나바와 바울은 끝내 두 사람 사이의 재결합이나 조화를 이루지 못하고 영원한 이별을 하고 말았습니다. 바울에 의하여 퇴출된 바나바는 아예 그 이후에 거명조차 되지 않을 정도로 완전히 뒤로 물러나게 되고 리더십을 상실하게 됩니다.

이 두 사람의 갈등을 신앙적, 신학적 차원에서 해석하기는 어렵습니다. 두 사람의 갈등은 인간의 본질적 갈등이라고 볼 수 있습니다.

바울과 바나바는 인성 자체가 전혀 다른 유형의 소유자였습니다. 바울은 일밖에 모르는 '일 중심'의 인간형이었고, 바나바는 사람을 소중히 여기는 '사람 중심'의 인간형이었습니다. 바울은 일 때문이라면 얼마든지 사람과 결별할 수 있는 인간형이었고, 바나바는 일에 조금 차질이 있다고 하더라도 사람을 소중히 여기는 인간형이었습니다. 이런 본질적 차이로 바울은 절대로 마가와 함께할 수 없다고 했고, 바나바는 마가를 데리고 가자고 제안한 것입니다.

인간형을 크게 둘로 나눈다면 바울형 인간과 바나바형 인간으로 나눌 수 있을 것입니다. 어느 공동체이든지 일 중심의 인간형과 사람 중심의 인간형으로 나눌 수 있습니다. 교회도 예외는 아닙니다. 교회에서도 흔히 바울형과 바나바형의 의견 충돌을 예상할 수 있습니다. 그러나 이런 경우에 두 의견은 어느 한쪽이 맞고 다른 쪽이 틀린 것이 아닙니다. 이런 의견의 상충은 옳고 그른 것이 아니라 서로의 본질적 인간형의 차이에서 발생되는 문제입니다. 그럴수록 서로 상대방의 의견을 이해하려고 애쓰고, 존중하고, 경청하게 될 때에 갈등의 요인이 오히려 성장과 이해의 요인이 될 수 있을 것입니다. 성경의 모든 갈등이 갈등으로 남아 공동체를 파괴한 것이 아니라 그 갈등의 해결 후에 더 나은 성장의 기회가 되게 한 것은 이 때문이었습니다.

●
일본은 있다

전 주한 필리핀 대사인 '수잔' 여사와 함께 식사를 한 적이 있었습니다. 이런저런 이야기를 하는 도중 고급 영어를 구사하는 그녀에게 영어에 대하여 물었습니다. 수잔은 자신의 나라를 지배했던 나라들에 대하여 감사한다고 하였습니다. 스페인이 1540년 필리핀을 점령하여 333년 동안 통치하는 동안 그들이 전해 준 가톨릭으로 하나님을 알게 되어 감사하다고 하였습니다. 그 후 약 50년 동안은 미국이 통치하여 영어를 잘할 수 있게 되어 감사하다는 것이었습니다.

그녀의 말에 이어 제가 이렇게 말했습니다. "우리나라는 일본에게 36년 동안 강점당했습니다. 36년 동안 많은 고통을 당했지만 얻은 것은 아무것도 없습니다." 저의 이 말에 수잔은 "나도 알고 있어요. 동의합니다."라고 하였습니다. 필리핀과 우리나라 모두 다른 나라의 지배를 받았지만 그 형태는 너무나도 달랐습니다. 영국의 지배를 받았던 나라들은 지금도 '영국연방'을 결성하여 영국 여왕을 국가 원수로 인정하고 있습니다.

어느 일간지가 조사한 국가 선호도에서 아이러니하게도 가장 싫어하는 나라와 가장 본받아야 할 나라가 각각 38%와 27%로 모두 일본으로 나타났습니다. 일본이란 나라는 우리에게 가깝고도 먼 애증 관계의 나라입니다.

'원교근공'(遠交近攻)이라는 중국 고사의 사자성어가 있습니다. 먼 나라와 친교를 맺고 가까운 나라를 공략하는 정책을 일컫습니다. 영국과 프랑스는 사이가 좋지 않고, 독일과 프랑스는 앙숙입니다. 반면 영국과 미국은 혹독한 독립전쟁을 했지만 형제처럼 지냅니다. 우리나라도 일본이나 중국 등 주변국들에게는 피해의식이 있습니다. 대륙으로 진출하려고 해도 중국이 버티고 있고, 해양으로 진출하려고 해도 일본이 태평양의 길목을 막고 있습니다.

일본에 대해 이야기하는 사람들은 일본인들의 간사함을 말합니다. 자국 이익에 빠진 채 세계 정서를 잃은 역사 왜곡을 말합니다. 돈밖에 모르는 경제동물이라 말합니다. 그래서 '일본은 없다'고 합니다. 반면에 일본인은 근면합니다. 사회질서나 시간 개념은 세계 최고 수준입니다. 공공시설에서 절대로 남에게 폐를 끼치지 않습니다. 자신의 집 앞에서도 도로에 주차하여 차량의 주행을 방해하지 않습니다. 이런 면에서는 일본이 세계 최고입니다. 그래서 '일본은 있다'라고 해야 합니다. 지혜로운 사람은 없는 것보다 있는 것을 보는 사람입니다. 일본에게 있는 것을 통하여 우리에게 없는 것을 보는 것이 지혜입니다.

예루살렘과 메카

광야에서 이스라엘 백성들이 하나님을 만나는 곳은 성막이었습니다. 하나님께서는 성막을 만들라고 하시며 "거기에서 내가 너희를 만나겠다."고 하셨습니다. 성막의 문은 동쪽을 향하고 있었으며 지성소도 마찬가지였습니다. 동쪽이란 거룩한 곳이라는 상징적 의미를 가지고 있습니다.

다니엘은 이스라엘 역사에서 포로기의 영웅이었습니다. 그는 10대 소년 때에 포로가 되어 90세 가까이 하나님께 쓰임을 받았습니다. 그는 고레스의 칙령으로 포로민들이 예루살렘으로 돌아올 때에도 귀환을 거절하고 페르시아에 남아 있던 '렘넌트'(남은 자)였습니다. 그는 포로민의 신분으로 다섯 번이나 장관과 총리의 자리에 오르게 됩니다. 포로민의 신분으로 지위가 높아지는 다니엘을 시기한 페르시아 고관들은 다니엘을 죽일 모의를 하였습니다. 다리오 왕의 신상 외에 다른 것에 절하고 기도하는 자를 사자 굴에 넣기로 한 것에 대하여 왕의 허락을 받은 것입니다. 다니엘은 이 사실을 알고도 하루에 세 번 창문을 열고 예루살렘을 향하여 기도하였습니다. 그는 거룩한 도시 예루살렘을 향하는 것을 잊지 않았던 것입니다.

회교 사원인 모스크의 제단 격인 '미흐라브'는 어느 사원이든지 메카 방향으로 만들어져 있습니다. 메카 방향으로 향하는 것을 '키블라'라고 합니다. 이슬람교에서는 예배 대상으로서의 우상을 없애는 대신 미흐라브를 메카 방향으로 설치하고 예배의 표상으로 삼았습니다.

정교회의 성당이었다가 이슬람의 지배 후에 회교 사원이 된 이스탄불의 성 소피아 사원에는 원래 제단이 있었지만 제단을 치우고 미흐라브를 만들었습니다. 메카로 향하기 위하여 미흐라브는 사원 전체 구도와 전혀 맞지 않게 비뚤게 설치되어 있습니다. 심지어 어느 사원은 도시의 길과 나란하지 않고 어긋나게 지어 놓은 것도 볼 수 있습니다. 메카로 향하는 것이 도시의 선보다 더 중요하기 때문에 그들은 이를 감수하는 것입니다.

회교 신자들인 무슬림들은 하루에 다섯 번 회교 사원의 기도 신호인 '아잔'에 따라 기도합니다. 그들은 여행 중에라도 작은 양탄자를 꺼내어 놓고 메카를 향해 엎드려 기도를 합니다. 메카를 향한 무슬림들의 극진한 자세는 그들의 주변에서 얼마든지 볼 수 있습니다.

우리가 하나님께 향할 수 있고, 하나님께 경배할 수 있는 마음을 가진 것이 얼마나 감사한 일인지 모릅니다. 세상의 많은 사람들은 헛된 것에 절을 하고, 마음을 향하고 있지만 참 하나님이신 야훼께 경배하는 것은 은혜요 감사입니다. 우리는 우리의 영혼을 거룩하신 하나님께 향하게 하는 사람들이 되어야 합니다.

아버지에게 들은 이야기

오래전 저의 선친께 들은 이야기들이 생각납니다. 저의 선친께서 돌아가신 지도 벌써 시간이 꽤 흘렀습니다. 그러나 아직도 그립고, 무언가 의논할 일이 있으면 아쉽고, 그래서 가끔은 눈물이 핑 돌 때가 있습니다. 그런데 저의 선친께서 제게 해 주셨던 많은 말씀들 중에서도 몇 가지 잊혀지지 않는 이야기가 있습니다. 가정의 달에, 어버이주일에 함께 들었으면 하는 이야기들을 적어 봅니다.

어느 팔십 세를 넘기신 아버지가 육십 세가 된 아들과 함께 기차를 타고 어디론가 가게 되었습니다. 아버지는 기차표를 사러 역에 가서 역무원에게 말했습니다. "내가 아들과 함께 어디까지 가야 하는데 어른 표 하나, 아이 표 하나 주세요." 아버지에게는 아들이 육십 세가 되어도 어린아이와 같이 보인다는 것입니다. 아무리 나이가 들어도 아들은 아버지에게 아이입니다. 그래서 팔십 세 아버지가 육십 세 아들에게 길 건널 때 차 조심하라고 한다지 않습니까? 어른이 되어도 아이처럼 여겨 주는 부모가 있다는 것이 얼마나 좋은 일인지 모릅니다. 저도 벌써 외할아버지가 된 지 여러 해인데 저의 모친의 잔소리는 여전하십니다. 그런데 그 잔소리가 싫지 않고 오래 들을 수 있으면 좋겠습니다.

어떤 나이 많은 아버지가 아들을 몹시 꾸짖고 있었습니다. 아버지는 여느 때처럼 아들에게 회초리를 가지고 오라고 하였습니다. 그리고 종아리를 걷게 하였습니다. 아버지는 늘상 하던 것처럼 아들을 꾸짖으며 회초리로 종아리를 쳤습니다. 종아리를 치자 아들은 소리 내어 엉엉 울기 시작하였습니다. 아버지는 아들의 종아리를 너무 아프게 쳤나 하여 순간 놀랐습니다. "이놈아, 내가 너를 그렇게 아프게 쳤단 말이냐?" "아버님, 그게 아니라 지난번까지는 아버님께서 저의 종아리를 칠 때에 아팠는데 이제는 아버님이 종아리 치시는 게 아프질 않습니다. 아버님께서 연로하셔서 기운이 없으신 것이 이렇게 마음이 아픈 겁니다." 종아리를 칠 아버지가 계시면 좋겠습니다. 종아리를 칠 때에 좀 아팠으면 좋겠습니다.

마지막 이야기입니다. 어느 의좋은 형제가 살고 있었습니다. 이 형제는 세상 사람들을 항상 용서하며 무저항주의로 살기로 서로 약속을 했습니다. 그런데 어느 날 동생이 밖에 나갔다 오더니 평소에 자기를 미워하는 사람을 길에서 만났는데 이유 없이 얼굴에 침을 뱉어서 순간 멱살을 잡으려 했지만 형님과의 약속이 생각나서 그냥 손수건을 꺼내 얼굴을 닦고 왔다고 하였습니다. 형님은 말했습니다. "네가 또 잘못을 했구나. 그 사람 앞에서 침을 닦는 것은 그 사람에게 대한 반항이니 다음부터는 그 사람이 보지 않는 데서 닦도록 하여라." 완전한 용서와 무저항이 세상을 아름답게 할 것입니다. 완전한 용서는 하늘 아버지 그분의 마음을 본받을 때만 가능합니다.

● 교회의 성평등지수

　세계경제포럼(WEF)이 전 세계 136개국을 대상으로 남녀 불평등 정도를 조사, 보고하였습니다. 경제활동 참여 및 기회, 교육성취도, 보건 및 건강수준, 정치적 역량발휘의 4개 부문을 0(완전 불평등)에서 1(완전 평등)까지의 수로 나타내는 성평등지수에서 한국은 보건 및 건강수준(0.973)과 교육성취도(0.959)에서는 높은 점수를 받았으나, 경제활동 참여 및 기회(0.504)와 정치적 역량발휘(0.105)에서는 낮은 점수를 받아 136개국 중 111위를 차지하였습니다. 우리나라와 비슷한 순위의 국가는 아랍에미리트(109위), 바레인(112위), 카타르(115위), 쿠웨이트(116위) 등으로 여성의 지위가 한국과는 비교가 되지 않는다고 생각했던 중동 국가들이 대부분이었습니다.
　이런 여성에 대한 성차별은 '남녀유별'이라는 전통적 사회관습에 기인한 것입니다. 이런 사회관습은 과거의 '남아선호사상'을 낳았고 남녀의 기능적 차별, 임금의 차별 등을 제도화하게 하였습니다. 이런 유의 성차별은 사회 전반에 걸쳐 성차별이라고 느껴지지 않을 정도의 보편적 질서가 되고 말았습니다.
　위와 같은 남녀의 사회적 성차별은 교회에서도 예외가 아닙니다. 우리 교단의 경우 여성안수가 시행된 지 20년 가까이 지났지만 아직도 여성 교역자와 여성 장로에 대한 인식은 과감한 변화를 이끌어 내지 못하고 있습니다. 많은 교회들이 여성 교역자에 대한 부정적 시각을 버리지 못하고 있으며, 아직도 여성 장로를 세우는 일이 요원한 교회가 많은 것이 현실입니다.

미래사회는 여성의 기능과 역할이 극대화되는 사회가 될 것입니다. 손의 섬세함이 장점이 되는 나노기술이 발달하는 사회, 남성보다 여성에게 발달한 감성이 이성을 지배하는 사회, 어머니가 중심인 가정 중심주의가 발달하는 사회, 여성들의 관심사인 패션이 핵심 가치로 부각되는 사회이며, 남성보다 여성의 심성에 가까운 영성이 발달하는 사회가 될 것입니다.

이런 미래를 전망하면서 교회는 인간평등의 성경적 원리를 기초로 하여 여성의 역할을 확대해야 합니다. 여성 장로를 세워 정책과 치리에 동참하게 하며, 여성 교역자들의 역할을 확대하여 남성 교역자들과 동등하게 교역하게 해야 합니다. 미래학자들은 미래의 가장 큰 과제의 하나로 여성 잉여인력의 활용을 꼽았습니다. 교회는 여성 인력을 효율적으로 활용하여 복음 전파의 효율성을 극대화할 수 있습니다. 이미 여성 교역자와 장로가 있는 교회도 그 비율을 높여 교회가 앞장 서 성평등지수를 높여야 할 것입니다.

●
아잔과 종소리

　예전에 소아시아 성지순례를 다녀온 적이 있는데, 참으로 의미 있는 여행이었습니다. 우선 권사님들과 함께 성서지리를 공부하고 떠난 준비된 여행이었다는 것입니다. 함께 가신 모든 분들이 의미 있게 생각하며 깊은 묵상을 하게 한 여행이었습니다. 떠나기 전에 갈 곳에 대한 공부를 하고 갔으며 가는 곳마다 함께 성경을 읽고 묵상하고 기도하는 시간을 가진 것이 의미를 더해 주었습니다.

　터키는 개방된 이슬람 국가입니다. 아랍어를 쓰지 않고 여인들도 차도르를 입지 않지만 전 국민의 98%가 무슬림이라고 합니다. 새벽부터 회교 사원인 모스크에서는 기도시간을 알리는 '아잔' 소리가 새벽을 깨웁니다. 호텔에서 아침에 깨워 주는 '웨이크업 콜'도 필요 없을 정도로 그 소리는 도시를 가득 채웁니다. 이런 아잔은 하루에 다섯 번 울립니다. 원래는 육성으로 했지만 이제는 아예 스피커로 온 시내에 울립니다. 이슬람의 성일인 금요일이 되자 이스탄불의 대표적인 모스크인 '블루 모스크'의 아잔은 대단했습니다. 많은 무슬림들이 아잔 소리를 듣고 모스크로 몰려와서 이슬람의 성직자인 '이맘'의 설교를 듣고 있었습니다.

　터키에서 빌립보, 데살로니가, 고린도, 아테네를 순례하기 위하여 그리스로 갔습니다. 그리스는 옛날 바울이 아레오바고에 서서 많은 아테네 사람들에게 자신을 변론하며 복음을 전한 다음 기독교 국가가 되었습니다. 또한 기독교가 동방교회와 서방교회로 분리될 때에 동방교회인 그리스 정교회의 중심이 된 나라입니다.

현재의 카르발라인 옛 드로아는 자그마한 도시입니다. 바울이 무시아에서 비두니아로 가려고 했지만 예수의 영이 허락하지 않아 드로아로 와서 유럽 전도가 시작되었습니다. 아침 일찍 일어나 호텔에서 나와 해변으로 나가 보았습니다. 그 옛날 바울이 이곳에 와서 배를 타고 데살로니가로 가던 길목이었습니다. 해변가 벤치에 앉아 바다를 바라보고 있을 때 종소리가 들려오기 시작했습니다. 아침 7시에 교회에서 울리는 종소리였습니다.

터키에서 매일 아침 들려오는 아잔 소리가 그리스에서는 교회의 종소리로 변한 것입니다. 아잔의 소리는 귀에 거슬리는 시끄러운 소리였지만 교회의 종소리는 마음을 편안하게 하는 하늘의 소리였습니다. 우리나라에서는 이제 교회의 종소리마저 들을 수 없게 되었습니다. 아잔의 소리가 교회의 종소리로 변화되는 날, 불경과 목탁의 소리가 교회의 종소리로 변하는 날을 기대해 봅니다. 이 땅의 교회들이 사랑의 종소리를 울리는 날을 기대해 봅니다. 그 종소리는 세상을 새롭게 변화시키고 평안을 선포하는 종소리입니다.

● 감사지수

인생을 가장 부요하게 만드는 방법은 감사하는 마음을 가지는 것입니다. 감사하는 마음은 삶을 풍요하고 즐겁게 만듭니다. 사람은 누구나 자신이 느끼고 있는 것 이상의 은혜를 누리고 있고 자신이 알고 있는 것 이상의 많은 것을 가지고 있습니다. 그래서 감사하는 사람은 작은 것에서 은혜를 발견하는 사람이고 작은 것을 크게 만드는 마술사입니다.

감사하는 사람에게는 감사가 소복이 쌓이고 불평하는 사람에게는 고통이 무더기로 쌓입니다. 많은 사람들은 진정한 감사의 조건을 알지 못하기 때문에 큰 것에도 감사하지 못합니다. 심지어 그리스도인들조차 진정한 감사의 조건을 망각하여 감사의 삶을 살지 못합니다. 참 감사의 내용은 우리의 구원입니다. 영원한 생명을 주시는 그리스도의 사랑입니다. 이것이 최고의 감사의 조건인 것을 아는 사람에게는 감사하지 못할 것이 아무것도 없습니다.

미국의 데이비드 소퍼 목사는 감옥과 수도원을 들어 감사와 불평의 차이를 말했습니다. 감옥과 수도원의 근본적인 차이는 단지 불평하느냐, 아니면 감사하느냐 하는 차이일 뿐이라는 것입니다. 감옥에 갇힌 죄수가 수도자와 같은 감사의 마음을 가질 때 감옥은 수도원으로 승화될 것입니다. 반면에 수도자가 늘 옹색한 삶에 불평하는 마음을 가질 때 수도원은 감옥으로 전락할 것입니다.

오래전에 눈을 심하게 다쳐 한 주간 보지 못한 적이 있었습니다. 많은 사람들은 얼마나 답답했느냐고 하지만 사실은 참 편안하고 감사한 시간이었습니다. 눈으로 보지 않는 삶은 더 많은 것을 볼 수 있게 하는 축복이기 때문입니다. 또 성대 결절 수술을 한 다음, 두 달을 말을 하지 못한 경험도 있습니다. 말을 할 수밖에 없는 사람에게 있어 말을 하지 못한다는 것은 매우 힘든 일입니다. 그래서 얼마나 힘들었느냐는 말도 들었습니다. 그러나 입으로 말을 하지 않는 시간은 영혼으로 말하며 침묵으로 말하는 즐거운 시간이었습니다. 감사는 우리를 둘러싸고 있는 환경이 아니라 마음에서부터 나오는 것입니다. 토마스 무어가 말한 대로 모든 상황에서 감사하는 것이 반드시 모든 상황에 대해 감사하는 것은 아닙니다.

감사는 하나님께서 우리에 대해 선하신 분임을 아는 일입니다. 하나님께서 우리에게 주신 모든 것 안에서 하나님의 사랑을 인식하는 것이 감사입니다. '범사에 감사하라'는 것은 모든 상황에서 감사하라고 말씀하신 것이지 모든 상황에 대해 감사하라고 하신 것이 아닙니다. 우리는 최대한 많이 감사해야 합니다. 하나님은 이미 우리가 받을 수 있는 것보다 더 많은 것을 베풀어 주셨기 때문입니다. 감사지수는 신앙지수이며 행복지수이기도 합니다.

● 양말과 예절

　제가 초등학교에 다니던 시절만 하더라도 양말은 귀한 것이었고, 여름에는 아이들이 거의 양말을 신지 않았습니다. 그때 어머니들은 밤이면 어두운 호롱불이나 침침한 전깃불 아래서 가족들의 구멍 난 양말을 꿰매는 데 많은 시간을 할애해야 했습니다. 전구를 양말 속에 집어넣고 알뜰하게 양말을 꿰매던 어머니의 모습을 지금도 기억하고 있습니다.

　미국 메이저리그 야구단 가운데는 시카고의 '화이트삭스'와 보스턴의 '레드삭스'가 있습니다. 이 두 구단은 '흰 양말'과 '빨간 양말'이란 뜻을 가졌으며 오랜 역사를 가지고 많은 스타들을 배출한 명문 구단입니다. 사람들은 양말이 구단에 주는 이미지에 특별한 맛을 느낍니다.

　「남자는 철학을 입는다」라는 책에서는 남성들이 슈트에서 양말까지 어울리게 입는 법을 가르쳐 주고 있습니다. 바지나 구두의 컬러에 맞추어 양말을 신는 것이 옷을 맵시 있게 입는 비결이며 예의입니다. 남성의 전통적인 옷 입기에서 보면 양복에 흰 양말을 신는다거나 빨간 양말이 바지 밑으로 드러나는 것은 신사의 자격에 미달된다고 하였습니다.

양말을 신지 않을 때는 몰랐지만 양말을 신을 때는 옷에 어울리는 양말 고르기의 규칙이 있습니다. 첫째는 양말의 컬러를 바지 또는 구두와 같은 계열로 선택하는 것입니다. 슈트와 구두 사이에 엉뚱한 컬러가 끼면 멋의 균형이 깨집니다. 둘째는 옷보다 양말의 컬러가 짙어야 합니다. 양말의 컬러가 슈트나 구두의 컬러보다 밝으면 튀어 보입니다. 셋째는 전통적 정장인 슈트가 아닌 캐주얼한 재킷을 입을 때는 양말의 컬러가 자유롭습니다. 넷째는 양말의 길이가 중요합니다. 일반적으로 신사의 매너는 다리를 꼬고 앉았을 때, 맨살이 보이지 않게 무릎길이까지 오는 길이의 양말을 신는 것이 정석이라고 알려져 있습니다.

그렇게 보면 신사의 옷 입기에서 '화이트삭스'도 '레드삭스'도 바른 옷 입기 예절은 아닌 것 같습니다. 옷 입기가 다 그렇지만 다른 사람에게 혐오감을 주지 말아야 하며 편안함을 주어야 합니다. 이런 예절의 의미 외에도 서양 사람들에게 양말은 좋은 소식이 담긴 물건입니다. 4세기경 터키의 니콜라스 주교는 어느 귀족의 세 딸이 청혼자가 있지만 너무 가난하여 결혼하지 못하고 있는 것을 보고, 결혼지참금을 넉넉히 주고 싶어 몰래 굴뚝으로 금 주머니를 떨어뜨렸는데 우연히 그것이 그 안에 걸어 둔 양말 속으로 들어갔다는 것입니다. 여기서 성탄절이 되면 선물을 양말 속에 넣어 두는 풍습이 시작되었습니다. 해마다 양말의 행운을 기대할 때가 어김없이 찾아옵니다. 양말을 사용하는 가장 좋은 예절은 소외된 이웃의 양말에 우리의 사랑을 담아 두는 일입니다.

●
문무(文武)

　우리나라의 역사적 전통에서 문관과 무관은 사회의 엘리트였고 사회를 지탱하는 힘이었습니다. 문관과 무관은 각자의 서열의 차이도 뚜렷했고, 그 역할의 차이도 컸습니다. 고려시대 이래 무관의 최고 서열인 병조판서에는 문관을 임명하는 것이 관례였습니다. 이런 관행도 무보다 문을 숭상하는 전통이라 볼 수 있습니다. 문관의 경우는 정일품부터 종구품까지 수백 가지의 직책이 있었습니다. 무반직(武班職)을 가진 관리인 무관도 많은 직책이 있어 엄격한 서열을 요구하였습니다. 문무백관(文武百官)이란 말이 있지만 사실은 백 가지가 훨씬 넘는 문무의 직책이 있었습니다.

　고려 성종 시대에 중국의 관제를 받아들여 문관계와 무관계를 구분하여 만들었습니다. 그러나 무관들은 문관들에 비해 심한 차별을 받았습니다. 무관들은 늘 문관보다는 격이 낮은 것으로 인식되어 문관의 통제와 견제를 받았습니다. 또한 문관과 무관을 구분하기 위하여 관복에는 서로 다른 흉배를 붙였습니다. 문관은 학 문양의 흉배를 붙였고, 무관은 호랑이 문양을 붙였습니다. 학과 호랑이의 숫자가 많을수록 지위가 높았습니다. 이런 제도적인 차별의 연유로 무관의 난이 일어나기도 했습니다.

한국에 귀화한 일본인 교수 호사카 유지가 쓴「조선 선비와 일본 사무라이」라는 책이 있습니다. 그 책에서 그가 전하는 사무라이의 도리는 "주군에 충성을 다해야 한다. 부모에 효도해야 한다. 스스로 엄격하게 다스려야 한다. 사적인 욕심을 버려야 한다. 부귀보다 명예를 소중히 여겨야 한다." 등입니다. 이는 조선 시대의 선비의 도리와 별로 다르지 않은 것 같습니다. 그 책에 의하면 선비와 사무라이의 도리가 통하는 정신적 뿌리는 성리학이라고 합니다. 그러나 조선과 일본은 성리학을 다른 방향으로 발전시켜 나갔습니다. 조선의 성리학은 예와 심성을 강조하는 쪽으로 발전시켜 윤리화하였습니다. 그러나 일본의 성리학은 명분 쌓기로 발전시켜 이를 통해 그들은 자신들의 군사행동을 정당화할 명분을 내세웠다고 합니다. 이런 사무라이의 정신은 지금도 우월적 지배의식으로 작용하고 있는 것입니다.

사무라이의 도리는 어느 문관과 전혀 다를 것이 없는 높은 수준의 인격을 요청하고 있습니다. 흔히 선비라고 하면 문관을 연상합니다. 그러나 엄격하게 말하면 무관도 선비여야 하고 엄격한 선비의 인격을 갖춘 사람이 무관이 되어야 합니다. "펜은 칼보다 강하다."고 합니다. 그러나 확실한 것은 칼은 펜보다 위험합니다. 상대적으로 학문이 없고 인격을 갖추지 못한 무관은 그래서 문관보다 더 위험한 것입니다. 그러나 문관만 가지고는 나라를 다스릴 수 없습니다. 무관만 가지고는 나라를 지킬 수 없습니다. 우리나라는 무관 같은 문관, 문관 같은 무관이 필요한 시대입니다. 문무가 조화될 때 나라가 튼튼해질 것입니다.

●
슬럼

　'메트로폴리스'는 인구 100만이 넘는 거대한 도시를 말합니다. 한편 '메갈로폴리스'는 메트로폴리스가 연속적으로 이어져 있는 경우로 각 도시 간에 접근성이 좋아 상호교류가 활발한 대도시입니다. 우리나라는 불과 50여 년 전만 하더라도 오늘날의 서울과 같은 메갈로폴리스는 상상조차 못했습니다. 빼곡히 들어섰던 1950년대의 판자촌은 거대한 아파트촌으로 탈바꿈했고, 도심의 빌딩 숲은 뉴욕 같은 세계적 도시들과 견주어 보아도 전혀 손색이 없습니다.

　얼마 전 유엔이 집계한 '국가별 슬럼 인구 순위'에서 한국이 세계 12위에 올랐습니다. 우리나라 도시 인구 중 슬럼 인구는 37%로 추산되고 있습니다. 세계화는 도시화를 촉진하여 세계 거의 모든 나라의 농촌이 이미 몰락했거나 그 직전에 있습니다. 농촌 인구의 양극화는 농촌 젊은이들을 도시로 몰아내었습니다. 인구의 도시 유입은 주택 물량의 공급을 따르지 못해 시장이 제공하는 주택 물량은 수요의 20%도 채 되지 않는다고 합니다.

　이런 연유로 도시로 유입되어 무허가 판잣집과 노숙 등에 의존하는 사람들이 늘어났습니다. 타워팰리스와 같은 호화 아파트가 있는 반면 방 한 칸짜리 쪽방이 공존하는 곳이 바로 서울입니다. 서울에는 벌집이라고 하는 쪽방이 있고 홍콩에는 새장이라 불리는 침대 하나짜리 독신용 거주지가 있습니다. 일본 도쿄에도 한 사람이 겨우 누울 수 있는 쪽방이 있고 세계 모든 대도시에는 슬럼이 있습니다. 농어촌의 몰락과 고실업률 및 비정규직의 증가, 중산층의 탈정치화와 개인주의화 등 다양한 문제들이 슬럼을 만들어 내고 있습니다. 슬럼은 도시화와 세계화, 그리고 양극화의 산물이라고 볼 수 있습니다.

슬럼의 보편적 특징은 높은 출산율과 인구과밀, 주택보유의 불안정성과 주택의 기능적 열악함, 상하수도나 전기 등 공공설비의 부재, 그리고 최근에는 고속 인터넷 라인의 불통 등입니다.

슬럼이 지구를 뒤덮게 되고 전 지구적 도시 빈곤이 양산되는 가장 큰 원인은 세계은행(IBRD)과 국제통화기금(IMF)의 주도로 시작된 구조조정 때문이라고 합니다. 세계의 큰손들은 금융자본으로 후진국들을 자본의 식민지로 만들어 경제 양극화를 불러일으켰습니다. 어느 시대나 진정한 그리스도의 사랑 없이는 공존사회가 될 수 없습니다. 일용할 양식에 만족할 줄 아는 삶, 주기도를 드릴 줄 아는 삶이 이익사회를 극복하고 자본주의가 성공할 수 있도록 돕는 비결입니다.

● 단일민족

우리나라는 단일민족이라는 점을 오래전부터 강조하였습니다. 또한 단일민족이라는 것을 강조할 뿐만 아니라 다민족을 비하하는 편견도 실재했음을 솔직히 인정합니다. 인간관계에 있어 동심원적인 인습이 오랫동안 지배하였습니다. 제일 안의 작은 원에는 나 자신이 있고, 그 바깥 원에는 내 가족들이 있고, 그 다음 원에는 친척들이 있고, 또 그 다음 원에는 이웃들이 있고, 그리고 다음의 바깥 원에는 민족이 있고, 마침내 제일 바깥 원에는 이방인, 즉 우리 민족이 아닌 외국인들이 있습니다. 제일 바깥 원의 외국인들은 문자 그대로 주변 인물입니다. 그래서 우리 외의 사람들에게는 죄다 '놈' 자를 붙였습니다. 일본인은 '왜놈', 중국인은 '되놈', 서양인들은 '양놈'이라 불렀습니다.

이러한 우리의 인습은 혼혈에 대한 부정적인 사고를 만들어 냈고 혼혈아가 발을 붙일 수 없도록 하는 사회적 압력이 실재했습니다. 그러나 지금의 현실은 너무나 달라졌습니다. 지난해 결혼한 여덟 쌍 중 한 쌍이 국제 결혼한 가정입니다. 외국인 신부는 지난 15년간 50배 이상 증가하였습니다. 농어촌에서는 결혼한 3가정 중 1가정이 국제 결혼한 경우입니다. 곧 혼혈 학생이 16만 5,000명이 넘을 것으로 추정되고 있습니다. 국내에 체류하는 외국인이 100만 명에 달하고 있습니다. 이제는 외국인이나 혼혈아에 대한 차별이나 편견을 속히 벗어 버려야 할 때입니다.

세계화는 세계가 하나의 공동체라는 신 개념입니다. 세계는 바야흐로 하나의 촌이며 하나의 시장이 되었습니다. 더 이상 문을 닫을 빗장도 없고, 문을 열지 않고 '나홀로' 버틸 수 있는 세상이 아닙니다. 나라와 나라 사이의 경계가 무너진 평면의 세상입니다. 우리는 서로가 서로를 필요로 하는 상생의 시대에 살고 있는 것입니다. 이런 시대에 살면서 순수혈통주의라는 편협한 틀에 갇혀 사는 것은 시대를 거스르는 일입니다.

2007년 우리나라는 유엔 인종차별철폐위원회로부터 단일민족이라는 개념을 극복하고 인종차별을 없애라는 권고를 받은 적이 있습니다. 국제적인 기준에서 볼 때 단일민족을 강조하는 것은 인종차별적 행위에 해당되며 한국 땅에 사는 다양한 인종들 사이의 이해와 우호에 장애가 된다는 것입니다. 세계화 시대에 이런 유의 권고를 받은 것 자체가 부끄러운 우리의 현실이라고 봅니다.

성경은 하나님 안에서 모두가 차별 없이 하나라고 합니다. 인종에 대한 차별은 사도들도 극복하지 못했던 편견이었지만 복음이 이러한 편견을 해결했습니다. 마틴 루터 킹 목사는 미국에서 인종차별이 극에 달하는 시간은 일요일 오전 11시라고 말하곤 했습니다. 교회 안에 인종에 대한 차별이 없는지 살펴보아야 합니다. 성경은 인간의 모든 장벽이 허물어지게 하는 약입니다.

정열   환희   분별   성장   활기   하나 됨   **생기**

제7장
생 기

life

'생기'가 가진 색은 보라입니다.

보라는 '영감을 주다'라는 의미이며
생기로 채우는 기쁨을 느끼게 합니다.

#생기

**싱싱하고
힘찬 기운**

영적 삶은 한마디로 '깨어 있음'입니다. 자기 내면의 변화에 깨어 있고, 삶의 거룩성에 깨어 있는 것입니다. 그러므로 영성은 이 양면을 함께 깨워야 합니다. 깨어 있는 사람의 얼굴에는 생기가 돕습니다. 깨어 있는 사람의 행동은 그 주변을 깨워 생기가 돕게 합니다. 그리고 그 깨어 있음은 자유함과 경건함, 행동과 묵상, 개인의 도덕심과 사회정의 등 삶의 모든 면에 관한 것입니다. 진정한 영적 삶은 자신의 내면과 외면을 깨워 생기를 돕게 함으로 그 생기가 흘러가게 하는 삶입니다.

영성과 삶

현대는 영성에 대한 관심이 극대화된 '영성시대' 입니다. 영성에 대한 관심은 정보시대의 필연적 결과이며 포스트모던이라고 정의하는 현대의 당연한 징조이기도 합니다. 앨빈 토플러가 제5의 물결은 영성이라고 할 만큼, 미래학자들은 영성에 대하여 한결같은 관심을 가지고 있습니다. 지식, 정보, 과학, 기술로 대변되는 정보사회가 영성사회라는 것은 아이러니 같은 사실입니다. 그런데 과학시대가 영성시대인 것은 인류의 과학에 대한 반작용 때문이라고 볼 수 있습니다. 인류가 과학과 기술에 깊이 묻혀 살고, 지식과 정보에 초미의 관심을 가지고 살게 되면, 여기에 대한 반작용이 발생하여, 초과학적이며 신비한 삶을 추구하게 됩니다.

영성이란 그리스도인이 가지고 있는 하나님의 성품입니다. 영성이란 그리스도와 일체된 삶입니다. 영성이란 그리스도인의 내면 생활입니다. 로널드 롤하이저는 "우리 속에는 정신과 영혼이 있으며 그 영혼에 대하여 우리가 취하는 행동이 영성이다. 영성은 치료가 불가능한 그 욕망과 우리 속에 있는 신들로부터 온 광기를 다스리는 것이다."라고 합니다. 그러므로 영성이란 개념이나 사변이 아니라 우리의 삶에 배어 있는 그리스도를 말합니다.

모든 영성은 객관적이어야 하며 진정한 그리스도인의 영성은 삶의 영성입니다. 아무리 영적으로 보인다고 하더라도 그의 삶이 영적이지 못하면 그의 영성은 참 영성이 아닙니다. 이때 존재의 영성은 개인의 내면적 삶을 위한 영성이라면, 관계의 영성은 타자와의 삶을 위한 영성입니다. 기독교의 영성은 공동체의 영성이며 삶의 영성입니다.

삶의 영성은 도덕성으로 나타납니다. 내면의 존재의 영성이 관계의 영성과 사역의 영성으로 나타나는 것이 바로 도덕성입니다. 도덕성도 영성에서 비롯되는 것임을 알 수 있습니다. 그런 의미에서 영적 성장에는 인격 형성이 포함되므로 성품이 강조되어야 합니다. 도덕성은 인간 영성의 가장 큰 비중을 차지합니다.

마지막으로 영적 삶은 깨어 있음입니다. 자신의 내면의 변화에 깨어 있고, 삶의 거룩성에 깨어 있는 것입니다. 그러므로 영성은 이 양면을 함께 관심을 가져야 합니다. 자유함과 경건함, 행동과 묵상, 개인의 도덕심과 사회정의 등 삶의 모든 면에 관한 것입니다. 진정한 영성을 가진 삶은 생활에서 드러나고 인정받아야 합니다. 우리의 의복, 수면, 음식, 직장생활 등 모든 일상이 변화되어야 참된 영성을 가졌다고 할 수 있을 것입니다.

피의 성당

　러시아 상트페테르부르크는 참 아름다운 도시입니다. 이곳에는 '피의 성당'이라는 성당이 있습니다. 알렉산더 2세 왕이 왕궁을 나와 이곳을 지나가고 있을 때에 그를 살해하려는 음모가 있었습니다. 암살단은 폭탄을 투척하였지만 왕이 탄 마차를 빗나가 옆에 떨어졌고 지나가던 행인이 폭탄에 맞아 피를 흘렸습니다. 왕은 급히 마차에서 내려 자기 대신 폭탄에 맞은 사람을 도우려고 안았습니다. 그때 다시 폭탄이 날아와 왕의 두 다리가 절단되고 왕은 피를 흘리며 겨울궁전으로 돌아왔습니다. 그러나 왕은 많은 피를 흘려 두 시간이 지나 왕궁에서 세상을 떠났습니다. 러시아인들은 오래전부터 어떤 인물을 기념하기 위하여 자발적으로 돈을 모금하여 성당을 세우곤 했는데, 알렉산더 2세의 아름다운 마음을 기리기 위하여 돈을 모금하여 이 성당을 지은 것입니다. 이 성당은 공산주의 시절에는 곡간으로 사용되기도 했고, 사무실로 사용되기도 했습니다. 공산주의 세력들은 성당의 대리석 조각들을 파내려고 했지만 너무 단단하게 지어져서 약간의 훼손만 있을 뿐 잘 보존되었습니다. 공산주의의 붕괴 이후에 다시 복원하고 수리한 이 피의 성당은 이제는 관광 명소가 되었습니다.

　세계 여러 곳에 있는 성당들을 보았지만 정교회의 성당 가운데 가장 예쁜 성당이 바로 이 피의 성당입니다. 모스크바의 성 바실리 성당보다 더 아름답습니다. 모든 정교회의 성당이 그러하듯이 강단을 향해 오른쪽에는 예수님, 왼쪽에는 성모의 상이 있습니다. 그리고 내부의 전체가 성경에 기초한 그림들로 장식되어 있고 모든 그림들은 모자이크로 되어 있습니다. 그림의 내용들도 구약과 신약의 의미 있는 것들로 이루어져 눈길을 사로잡는 그림들로 꽉 차 있습니다. 아브라함, 이삭, 모세, 베드로, 바울, 제자들, 막달라 마리아 등 그림만 보아도 내용을 알 수 있는 모자이크들이 볼거리를 장식하고 있습니다.

제가 그곳에 갔을 때는 주일 예배 후 점심 식사를 마친 다음이었습니다. 입구에는 많은 관광객들이 줄을 서서 기다리고 있었고, 성당 안에도 관광객들이 안내원의 설명을 듣고 있었습니다. 입구에 관광시간 안내는 있었지만 예배시간 안내는 없었습니다. 어디에서도 예배의 흔적을 찾아볼 수 없는 관광지 중 한곳일 뿐이었습니다.

런던 웨스트민스터 사원의 안내원이 돈이 얼마나 들었고 얼마나 유명한 사람들이 묻혀 있는지 침이 마르도록 자랑을 하였습니다. 그때 어떤 관광객이 물었습니다. "그런데 이 사원을 통하여 얼마나 많은 사람이 구원받았습니까?" 교회가 관광지가 될 때 교회는 힘을 잃습니다. 교회가 구경거리가 되면 더 이상 교회가 아닙니다. 교회는 예배하는 곳이며 기도하는 집입니다.

오보에

오래전 미국 유학시절에 본 영화 가운데 아직도 잔잔한 감동을 주는 영화가 있습니다. 1986년에 제작된 영화 "미션"입니다. 롤랑 조페가 감독하고, 로버트 드니로, 제레미 아이언스가 주연한 이 영화는 선교사의 열망을 가지고 있었던 당시의 저를 영화가 끝나도 일어설 수 없게 만들었습니다.

영화의 내용은 다음과 같습니다. 1750년, 스페인과 포르투갈은 남미 오지에 있는 자신들의 영토에 경계를 확정합니다. 선교활동을 하던 신부들은 과라니족을 감화시켜 교회를 세우는 데 성공합니다. 악랄한 노예상이었던 멘도자는 가브리엘 신부의 권유로 신부가 되어 헌신적으로 마을을 위해 일하고 있었습니다. 새로운 영토 분계선에 따라 과라니 마을은 포르투갈 식민지로 편입되고, 선교회를 해체합니다. 이에 불응하는 과라니족은 포르투갈 군대와 맞서 싸우다 전멸합니다.

이 영화의 감동적 장면은 웅장한 이과수 폭포를 배경으로 선교사인 신부가 십자가에 묶인 채 폭포에 던져지는 시작 부분입니다. 그리고 가브리엘 신부가 과라니족을 만나서 오보에를 연주합니다. 과라니족이 전멸하는 마지막 신이 영화가 끝난 후에도 한참이나 자리를 뜨지 못하게 저의 마음을 꽉 잡고 있었습니다.

'가브리엘의 오보에'라고 불리는 미션의 삽입곡은 영화 음악의 거장이라고 불리는 엔리오 모리코네가 작곡하고 데이빗 애그뉴가 연주한 오보에 곡입니다. 지금 들어도 그때의 감격이 살아나고, 언제 들어도 가슴이 매여 오는 선율입니다. 성가곡은 아니지만 성가곡처럼 다가오는 감동이 있습니다.

오보에는 원추형 관과 겹 리드로 된 고음의 목관악기입니다. '오보에'는 프랑스어인 '오부아'(hautbois), 즉 '높은 음을 내는 나무'라는 뜻에서 온 말이라고 합니다. 17세기 말경에 이르러 오보에는 당대의 주된 독주악기였던 바이올린의 뒤를 이어 관현악단과 군악대의 주요 관악기로 자리하게 되었습니다.

오케스트라에서 가장 먼저 소리를 내는 악기는 오보에입니다. 연주 전 오보에 연주자가 A음을 불면 모든 악기들이 여기에 맞춰 튜닝을 합니다. 온도나 습도 등 환경에 따라 변화가 큰 다른 악기에 비해 가장 안정적인 음을 가졌기 때문입니다. 오케스트라의 아름다운 화음은 오보에에서 시작되는 것입니다.

우리도 세상을 향해 아름다운 소리를 내어야 합니다. 세상에 대하여 옳고 그름을 거침없이 쏟아 내야 합니다. 그러기 위해서는 환경의 변화에 따라 변질되지 않는 '소리'가 되어야 합니다. 세상의 화음을 만들어 내는 첫 소리가 되기 위해서는 변하지 않는 믿음과 도덕적인 삶이 뒷받침되어야 할 것입니다.

● 착각

만취 상태의 어떤 취객이 집에 가려고 택시를 탔습니다. 택시가 한참 달리고 있는데 이 취객이 옷을 벗기 시작했습니다. 택시 기사는 "아니, 손님, 왜 옷을 벗으세요. 그만 벗으세요."라고 하였습니다. 그때 취객은 "여기가 내 집 아니오?"라고 했습니다. "손님, 여기는 택시예요." 기사의 말을 들은 취객은 "그럼 택시라고 진작 말해 줘야지요. 아니, 난 우리 집인 줄 알고 신발을 벗어 놓고 탔잖아요."라고 말했답니다.

또한 신문에 이런 기사가 난 적이 있습니다. 술에 취해 유흥업소에서 핸드백을 훔쳐 달아나던 현역 군인이 종업원이 큰길까지 뒤쫓아 오자 급한 마음에 길가에 대기하고 있던 택시에 올라탔는데 타고 보니 택시가 아니라 신호대기 중이던 순찰차였습니다. 뒤쫓아 온 종업원의 신고로 군인은 곧바로 경찰서로 연행돼 군 헌병대로 인계됐다는 것입니다. 이렇게 술은 착각을 일으키게 합니다.

착각이란 어떤 사실을 실제와 다르게 지각하거나 생각하는 현상을 말합니다. 착각은 단순한 지각상의 실수라기보다는 부정확한 지각을 유발합니다. 물속에 막대기의 일부분을 담가 놓으면 빛의 굴절로 휜 것처럼 보입니다. 오래전 이집트 여행 중 사막 지대를 지날 때 해가 중천에 오르자 고인 물들이 잔뜩 보였습니다. 알고 보니 신기루라는 착시현상이었습니다.

'도플러 효과'라는 현상이 있습니다. 자동차 사이렌이 그 차가 이동함에 따라 사이렌 음의 높낮이가 변화하는 것처럼 지각되는 것을 말합니다. 이 현상은 그 차가 듣는 사람을 향해 이동해 왔다가 멀어져 갈 때 일어나는 음파의 상대적인 수축과 팽창으로 일어나게 됩니다. 소리는 일정하지만 청각이 착각을 일으키는 것입니다. 이런 유의 착각은 우리 삶에서 얼마든지 찾아볼 수 있습니다.

일상생활에서도 비슷한 경험으로 하게 되는 착각이 있을 수 있습니다. 우리가 알고 있는 지식도 지식들 사이의 유사한 내용 때문에 착각을 일으키는 경우가 있습니다. 신앙적인 부분에서도 예외가 아닙니다. 유사한 신앙적 내용으로 비진리가 진리로 둔갑하는 경우를 흔히 볼 수 있습니다. 이런 현상이 더 심해지면 이단이 될 수도 있습니다. 이단(異端)이란 문자적으로는 끝이 다르다는 뜻입니다. 처음에는 같지만 끝이 달라지는 신앙의 착각을 이용한 것입니다.

토마스 머튼은 "은수자는 자신의 응답을 하나님의 응답으로 착각하지 않으려고 조심하는 사람"이라고 하였습니다. 그리스도인은 신앙적 착각을 해서는 안 됩니다. 나의 응답과 하나님의 응답을 착각하지 말아야 하고, 진리와 비진리를 착각하지 말아야 합니다. 언제나 온전한 영으로 하나님의 차와 사람의 차를 착각하지 말아야 합니다. 하나님의 나라에 갈 때까지 다른 차를 타지 말고 하나님의 차를 타고 가야 합니다. 하나님의 차만이 하나님의 나라에 도달하게 해 줍니다.

쉼의 영성

어떤 사람이 노래를 하다가 죽었다고 하면, 믿겨지십니까? 물론 우스갯소리입니다. 그 사람은 악보에 쉼표가 없어서 숨을 쉴 수가 없어 죽었다고 합니다. '쉼'은 '숨'입니다. 그래서 쉼은 삶입니다. 맥스 루케이도의 책에도 이와 유사한 이야기가 나옵니다. 그는 피아노를 칠 때 악보를 즐길 줄 알았습니다. 아무것도 하지 말라는 쉼표까지도 말입니다. 그런데 피아노 앞에 앉았으면 연주를 해야지 왜 가만히 있으라고 할까요? 그의 피아노 선생님은 그에게 이렇게 설명했다고 합니다. "음악이란 언제나 쉬고 난 후 더 아름다워지기 때문이다."

쉼이란 아름다움입니다. 쉼은 일에 버금가는 신성한 일입니다. 일만 중요한 것이 아니라 쉼도 중요합니다. 일할 줄 아는 사람은 쉴 줄 아는 사람입니다. 하나님께서는 모든 일을 마치시고 분명히 쉼을 가지셨습니다. 창조의 일곱째 날에 하나님은 창조하시지 않은 것이 아니라 쉼을 창조하신 것입니다. 그래서 쉼은 하나님이 창조하신 신성한 것입니다. 인간은 하나님이 만드신 안식을 통하여 신성한 리듬을 회복할 수 있습니다.

옛날 어느 한 사수가 수도사 안토니우스의 수도원을 지나게 되었습니다. 수도사들은 다른 수도사들과 즐거운 시간을 보내고 있었습니다.

수도사라면 근엄하게 기도와 묵상에 전념해야 할 것이라고 생각한 사수는 약간의 실망과 더불어 이렇게 말했습니다. "그래, 수도사가 그렇지 뭐. 수도사들은 한결같이 게으르고 자기네들끼리 노닥거리기만 한단 말이야." 이 말을 들은 안토니우스는 사수에게 다가갔습니다. 그리고 그의 활에 화살을 끼워 당기라고 하였습니다. 안토니우스는 "더 세게, 더 세게 당기시오!"라고 했습니다. 그러자 사수는 "더 이상 세게 당기면 활이 끊어진단 말이오!"라고 대답했고, 안토니우스는 "그것 보시오. 우리 인생도 마찬가지라오. 만약 우리의 건강을 해치는 수준을 넘어선 많은 일들에 전력을 다한다면 모든 것이 금방 파탄이 날 것입니다."라고 하였습니다. 쉼은 우리의 생명의 줄이 끊어지지 않게 하는 처방입니다. 쉼은 우리의 에너지를 더욱 끓게 만드는 약입니다. 인간에게 있어 최고의 집중력 회복 방법은 바로 쉼을 가지는 것입니다.

우리가 쉼을 얻을 때 우리는 우리 자신의 삶을 크게 치유할 수 있습니다. 아무리 분주한 일이 앞을 가로막고 있다고 하더라도 쉼을 얻는 것은 행복으로 가는 습관입니다. 쉼을 통하여 자신의 내면의 세계를 돌아보고 하나님과의 관계를 회복할 수 있습니다. 그러므로 일을 해야 하는 우리에게는 쉼이 있어야 합니다. 그리스도인에게 쉼은 단순히 일을 멈추는 것이 아니라 영성의 또 다른 측면입니다.

● 노래

　한국인은 세계에서 가장 뛰어난 가무민족이라는 말이 있습니다. 우리는 노래를 좋아하고, 춤을 좋아하는 민족입니다. 중국의 고대사들에는 삼한시대, 삼국시대의 한국인을 논할 때마다 한국 사람은 노래를 잘 부르고 춤을 잘 춘다고 기록하고 있습니다. 고대사회에서는 제사 때, 농사 때, 잔치 때 심지어 장례식에서 상여를 맬 때도 가무가 빠지지 않았습니다. 서민들이 자신들의 한을 풀 때도 탈을 쓰고 춤을 추며 양반을 희화하였습니다. 한국인들에게는 노래하고 춤을 추는 가무가 생활에서 체질화된 것임을 알 수 있습니다.

　인류에게 있어서 노래와 춤은 원시 사회의 제의에서 시작되었다고 합니다. 일찍부터 신에게 제사하고 자신의 뜻을 아뢰는 도구로 인간의 노래와 춤이 사용된 것입니다. 그래서 인간의 노래와 춤은 인간의 마음 깊이 있는 생각과 감정을 표현하는 방법이었습니다. 지역과 시대에 따라 차이는 있지만 노래와 춤은 인류의 오랜 문화의 뿌리입니다.

　오래전 수도원에 갔을 때에 예배 시에 사용되는 모든 시들은 노래였습니다. 수도사들은 매일 아침마다 다른 시편을 낭송합니다. 무슨 시를 낭송할 것인지 정해 놓은 것이 아니라 그날 예배를 인도하는 수도사의 영감에 따라 낭송합니다. 그런데 아무것도 보지 않고 시편을

다 암송하며 노래에 맞추어 똑같은 목소리로 낭송합니다. 악보도 없는 노래이지만 음의 고저가 있고 박자가 있었습니다. 너무 신기하여 악보가 있느냐고 물어보았더니 악보는 없고 오랫동안 함께 낭송하면서 음률을 익혔다고 합니다. 수도사들의 시편 낭송이나 기도는 모두 다 가락에 맞추어 하는 노래였습니다.

스티븐 미슨은 「노래하는 네안데르탈인」이라는 그의 저서에서 인류 최초의 언어는 음악에 가까웠을 것이라고 하였습니다. 고대사회로부터 종교 제의에 노래와 춤이 어울려 있음을 보면 그의 주장은 상당한 신빙성이 있습니다. 그리고 그는 처음부터 몸짓이나 단어나 리듬 자체도 따로 뗄 수 없는 것이었다고 합니다.

근래에는 신경 질환을 앓는 환자들이 음악으로 치유하는 '음악치유'도 발달하고 있습니다. 그 외에도 인간 내면의 자연적 표현으로서의 노래는 삶의 활력소이기도 합니다. 특히 성경은 하나님께 드리는 인간의 예배로서의 노래를 강조합니다. 다윗은 하나님을 찬양하는 도구로서 노래를 가장 적극적으로 사용한 왕입니다. 모든 악기를 하나님을 찬양하는 도구로 사용하였고 찬양대를 만들기도 하였습니다. 그리고 그는 법궤가 돌아올 때 왕의 체면을 버리고 바지가 흘러내리는 것도 모른 채 기뻐 춤을 추며 찬양을 드린 사람이었습니다. 우리 모두가 온몸으로 노래하고 진심으로 찬양하는 사람이 되기를 바랍니다.

기독교와 자본주의

스콧 니어링은 미국식 자본주의 원리를 "네가 일함으로 나는 논다."는 한 문장으로 압축하였습니다. 미국식 자본주의에는 '놀고먹는 사람'과 '먹기 위해 일하는 사람', '일해도 먹기 어려운 사람'의 세 부류가 있다고 합니다. 한 하늘 아래에서 살지만 상상할 수 없는 사치와 향연을 밤마다 벌이는가 하면, 다른 한편은 배고픔 때문에 배를 움켜쥐고 잠을 이룹니다.

칼 마르크스는 종교란 민중의 아편, 곧 자본주의에서 비롯된 삶의 고통을 완화시키는 진정제라고 하였습니다. 그는 자본주의는 인간의 삶을 평등하게 할 수 없고, 한편의 사람들이 다른 한편의 사람들을 고통에 빠지게 하는 것이라고 보았습니다.

자본주의란 근본적으로 '다위니즘'에 기초합니다. 다위니즘이란 '적자생존'의 원칙을 가지고 있습니다. 그래서 세계는 자본주의의 원칙에 의하여 무한 경쟁의 시대로 돌입하여 총소리 나지 않는 전쟁을 치열하게 벌이고 있습니다. 그러나 이 세상에는 자유로운 경쟁을 할 수 없는 사람들이 너무나 많습니다. 선천적 혹은 후천적으로 장애를 가진 자들이 정상인과 자유로운 경쟁을 한다는 것은 불가능합니다. 또한 환경적인 요인 때문에 경쟁에서 소외되고 도태되는 자들이 예상

외로 많습니다. 가난하여, 혹은 부모의 잘못으로 정상적인 교육 기회에서 제외된 자들, 부모의 잘못으로 교육 기회에서 제외된 자들, 그리고 가정의 파괴나 사회 안에서의 다양한 좌절을 통하여 경쟁력을 상실한 사람들이 있습니다. 이런 상황에서 적자생존만을 고집하는 자본주의는 위태롭기 짝이 없습니다. 기독교의 사랑이 빠진 자본주의는 허상에 불과하고 절대로 세계인의 지지를 받을 수 없는 것입니다.

사회학자이며 역사학자인 막스 베버는 유럽의 진보와 근대화를 종교, 봉건제, 도시, 관료제, 법제도, 국가형태, 자본주의 등의 주제를 통해 증명하려고 하였습니다. 먼저「프로테스탄트 윤리와 자본주의 정신」에서 그는 자본주의 생산양식의 특성은 영국과 같은 서부 유럽의 프로테스탄트 정신에 기여한 바가 크다고 주장하였습니다. 동시에 기독교는 자본주의 발전에 든든한 배경을 마련해 주었으며 이 둘은 동반자로 발전하였던 것이 사실입니다.

자본주의가 고삐 풀린 말이 되지 않기 위해서는 기독교의 윤리가 배경이 되어야 합니다. 기독교는 세계 경제가 건강하고 균등하게 발전하는 정신적 기초가 되어야 합니다. 교회는 앞장서서 더 나누고 더 베푸는 '섬김의 교회'가 되어야 합니다.

● 금식의 기쁨

우리는 하루 세끼의 식사에 익숙해져 있습니다. 이러한 식사의 습관화는 하루에 세 번의 식사를 하지 않으면 허전한 느낌이 들게 하며 식사 시간이 되면 무엇을 먹어야 한다는 강박 관념이 생기게 하기도 합니다. 그러나 하루에 두 끼를 먹는 것이 습관화되어도 생활에 별로 지장이 없다고 합니다. 인간이 생활에 필요한 에너지를 공급할 수 있을 정도의 영양만 섭취하면 그 이상의 섭취는 굳이 도움이 되지 않습니다.

우리의 영적 훈련을 위하여 육체적 욕망 중의 하나인 식욕을 억제하는 것은 필수적입니다. 인간의 육체적 욕망을 억제함으로 영적 에너지를 보충하고 유지해 나갈 수 있는 것입니다. 그런 의미에서 금식은 영성 훈련의 중요한 한 과정입니다.

아침식사(breakfast)라는 말은 성찬식을 마친 후에야 금식을 중단하는(breaking a fast) 교회의 예전에서 나온 말입니다. 카니발(Carnival)이란 말은 사순절 기간 동안 고기(carne)를 먹지 않고 절제하다가 고기를 다시 먹는 축제에서 나온 말입니다. 기독교의 전승에는 음식을 절제하며 금하는 몇 가지 예가 있었습니다.

금식에는 특별한 목적이 있습니다. 첫째는 하나님은 금식을 통하여 우리를 준비시키십시다. 금식은 세상이 우리에게 미칠 수 있는 부정적인 영향을 차단하여 외부의 방해 없이 하나님의 음성을 들을 수 있도록 기회를 제공해 줍니다. 둘째는 금식을 통해 우리 자신이 깨끗해집니다. 불순물들을 제거함으로 육적인 순결함을 얻을 수 있습니다. 셋째는 금식을 통해 사탄과의 영적인 싸움에 대비할 수 있습니다. 이런 영적인 이유에서 금식은 수도사들뿐만 아니라 일반 성도들에게도 장려되었던 영적 훈련의 과제입니다.

성경에서는 개인이든 국가든 죄악을 회개하기 위해 금식하였습니다. 사무엘도 백성들을 미스바에 모아 금식과 기도를 선포하였습니다. 구약시대에는 치료하고 회복하기 위해 금식하였습니다. 이런 금식은 요즘에도 많이 하고 있습니다. 요엘은 영적 비전을 위해 금식하였고 비전을 발견하였습니다. 그리고 기도할 틈을 얻기 위해 금식하였습니다.

집중력은 보통 때보다는 배고픔이 심한 상태에 있을 때에 놀라울 정도로 향상된다는 사실이 증명되었습니다. 금식의 목적은 더 잘 분별하는 데 있습니다. 금식은 그리스도인의 영적인 여정을 심화시키고 하나님의 음성을 분별하는 데 도움이 되는 훈련입니다. 이 금식 훈련은 분별의 필수 요건이며 집중력을 향상시킵니다. 우리가 금식하는 까닭은 하나님께 집중하며 세상을 분별하기 위함입니다.

사막의 단순성

사막을 느끼고 싶어 이집트를 다녀온 적이 있습니다. 아무것도 없는 것처럼 보이지만 사실은 무한한 것들이 존재하는 곳이 사막입니다. 아무것도 없기에 모든 것을 가진 곳이 사막입니다. 그래서 영성가들은 사막을 사랑했고, 수도사들은 사막으로 나갔습니다.

이집트는 국토 전체가 사막이라고 해도 과언이 아닐 정도로 사막으로 뒤덮인 땅입니다. 그 가운데 나일강이라는 물줄기가 있어서 초록빛깔도 볼 수 있고 열매도 볼 수 있습니다. 이집트에서 사막과 나일강을 빼 놓으면 아무것도 없습니다. 그래서 그들의 사상이나 역사가 온통 사막이나 나일강과 연관되어 있는 것을 쉽게 발견할 수 있습니다.

석회암이 풍화작용으로 인해 버섯 모양으로 무리를 이룬 백사막을 오프로드로 질주하며 사막의 정취를 한껏 느낄 수 있는 기회가 있었습니다. 많은 관광객들이 이제는 이집트의 피라미드나 신전이 아니라 사막을 즐기러 오기도 합니다. 황량한 사막이 이제는 엄청난 잠재력을 가진 관광자원으로 거듭나고 있었습니다.

저와 아내를 안내해 준 이집트인은 사막의 삶이 가져다준 아랍의 문화를 설명해 주었습니다. 아랍의 문화는 모든 것이 단순합니다. 아랍어의 모음은 3개밖에 없습니다. 단어도 단순하여 일반적인 감정을 묘사하는 말은 거의 없습니다. 한편 동물과 식물을 묘사하는 단어는 제법 있습니다. 특히 낙타를 묘사하는 단어는 굉장히 많고 세분화되어 있습니다. 낙타의 눈, 귀, 코 등도 모두 별개의 단어를 가지고 있습니다. 그들의 삶에서 낙타는 빼 놓을 수 없는 존재인 것입니다. 그들의 옷도 아주 단순합니다. 옷의 색깔은 단색이며 남녀 모두가 통옷을 입습니다. 음식도 밥, 고기, 야채 정도의 단순한 식단입니다. 음악도 마찬가지입니다. 아랍의 음악은 화음이 없이 단순한 멜로디의 리듬 음악입니다. 이 모든 것이 사막이라는 삶의 터전에서 유래되었다는 설명이었습니다.

우리는 너무나 많은 것을 가지고 삽니다. 너무나 많은 것을 필요로 하기에 욕심으로 삶을 채우기 쉽습니다. 이런 욕심은 결국 죄를 낳습니다. 이 욕심에 빠지지 않기 위해서 우리는 사막을 배우고 사막을 사랑해야 합니다. 19세기 미국의 세이크 교도는 "천상에서 내려진 완전한 아름다움은 현세의 단순하고 소박한 삶을 통하여 누릴 수 있다."고 하였습니다. 꼭 필요하고 쓸모 있는 것들이 아름답습니다. 만족스러운 삶은 곧 단순한 삶을 의미합니다. 단순한 삶을 살 때 우리는 자유로워집니다. 단순함이 주는 또 다른 유익은 평안과 내적인 힘입니다. 사막의 단순성은 삶의 진리이며 지혜입니다.

오순절교회

최근 세계는 기독교의 상대적 쇠퇴로 위기 상황에 몰려 있습니다. 기독교의 전성기가 지났다는 말도 흘러나오고 있습니다. 타 종교와의 갈등이 증폭되면서 경쟁력을 잃어 가고 있다고도 합니다. 미래에는 기독교와 이슬람교의 종교적 대치가 문명충돌로 이어지고 지구의 종말을 자초할 것이라는 예측도 나오고 있습니다.

하버드대학교의 교수인 신학자 하비 콕스는 1965년에 「세속도시」라는 책을 통해 앞으로는 탈종교 시대가 될 것이고 기독교는 세속화하여 쇠퇴할 것이라고 예측하였습니다. 그러나 그는 *Fire from Heaven*(하늘에서 내려온 불)에서 자신이 예측하였던 '세속도시'를 스스로 비판하고 있습니다. 21세기는 탈종교 시대가 아니라 기독교가 여전히 영적 역할을 하게 될 것이고 특별히 오순절교회가 기독교의 새로운 부흥을 이끌어 가게 될 것이라고 하였습니다. 21세기의 열쇠는 오순절교회가 쥐고 있으며 기독교의 미래를 쥐고 있는 것은 더 이상 세속주의가 아니라 오순절주의라고 하였습니다.

기독교 선진국인 유럽과 북미, 그리고 아시아는 서서히 기독교의 쇠퇴를 경험하고 있지만 이와 달리 아프리카와 남미의 기독교의 성장은 활발하게 이루어지고 있습니다. 현재 기독교가 성장하고 있는 지역은 한결같이 오순절교회들이 주류를 이루고 있습니다. 세계 인구 가운데 22억 명이 기독교인이며, 16억 명이 무슬림입니다. 기독교인 가운데 오순절교회의 신자들의 비율은 점점 늘어 가고 있습니다. 이미 오순절교회는 기독교의 주류로 자리를 잡아 가고 있습니다. 세계적으로 오순절교회가 성공을 거둔 이유들 가운데 하나는 주류 개신교가 소외당하고 어려운 처지에 있는 사람들의 요구와 열망을 충족시켜 주지 못했다는 점입니다.

오순절교회는 대부분 은사주의를 지향하고 있습니다. 성령의 은사를 강조합니다. 신앙의 현상을 중시합니다. 그래서 병을 치료하는 신유, 귀신을 쫓아내는 일, 꿈을 해석하는 일, 예언으로 사람을 인도하는 일 등을 중요한 목회의 사역으로 생각합니다. 물론 은사주의에는 기복적인 요소가 있고, 신앙적인 치우침이 있을 수 있지만 이런 것들을 무시하면 또 다른 신앙과 신학의 불균형을 이루게 되는 것입니다.

이런 경향은 미래세계는 영성사회가 되며, 영성사회의 패러다임의 중심은 '신비'라고 하는 미래학자들의 말과 다르지 않습니다. 우리는 다시 고대사회의 영성으로 돌아가고 있는 시대에 살고 있습니다. 장로교회는 가장 좋은 정치제도를 가지고 있다고 확신합니다. 여기에 오순절교회의 열정과 은사를 더한다면 미래사회에 가장 적응력을 가진 균형 있는 교회가 될 것입니다.

●
예수 믿는 행복

　예전에 티베트에 잠시 다녀온 적이 있습니다. 티베트는 원래 고원의 독립 국가였으나 1953년에 중국에 합병되었고, 지금은 중국의 서장성 자치주로 되어 있습니다. 중국의 최고 실권자인 후진타오가 서장성 당 서기였던 1989년에 독립운동이 일어났었는데 후진타오는 무차별 발포로 진압하였고 이를 계기로 중앙 정치 무대로 진출하게 되었다고 합니다.
　티베트는 달라이라마를 정치적·종교적 수장으로 하는 불교 국가입니다. 티베트 국가 전체는 티베트 고원에 위치하고 있습니다. 수도인 라사는 분지로서 가장 낮은 지대도 해발 3,800미터나 됩니다. 라사 공항은 세계에서 가장 고지대의 공항이고, 가장 활주로가 긴 공항이며, 공항에서 수도까지 가장 먼 공항이라고 합니다.
　티베트의 정신적 중심은 포달랍궁(布達拉宮)입니다. 포달랍궁은 달라이라마가 정치적·종교적 수장으로서 국가를 통치하던 곳입니다. 그곳은 백궁과 홍궁으로 나누어져 있는데 백궁은 그가 생활하던 궁전이며 홍궁은 그가 집전하던 사찰입니다. 이러한 포달랍궁은 지금도 순례자의 발길이 끊이지 않는 그들의 삶의 중심입니다. 유네스코가 지정한 세계문화유산인 그곳은 시내 중심에 위치하고 있었습니다.

이른 아침에 포달랍궁을 찾았습니다. 이른 아침이었는데도 순례자들이 그 거대한 포달랍궁을 돌고 있었습니다. 한 바퀴를 도는 데 어른들의 빠른 발걸음으로도 족히 한 시간 이상 걸릴 큰 궁을 수많은 사람들이 돌고 있었습니다. 그런데 이런 순례를 아침과 점심과 저녁, 하루에 세 번 한다는 것입니다. 그리고 궁의 정문에서는 사람들이 길에 길게 몸을 뻗어 참배를 하고 있었습니다.

더 깊은 불심을 가진 자는 하루에 세 번의 순례뿐만 아니라 그 이상의 신앙적 행위를 할 것입니다. 그들의 일상의 삶은 이런 종교적 행위 외에는 다른 것을 할 수 있는 시간적 여유가 없어 보였습니다. 그래서 그들은 가난하게 살고 있었고 가는 곳마다 구걸하는 사람들로 가득했습니다. 심지어 그들은 세수도 목욕도 하지 않은 것처럼 보였고 옷은 한번 사면 버릴 때까지 세탁하지 않는 것 같았습니다.

종교적 삶은 일상에서 윤리적이며 규범적으로 나타나야 합니다. 아무리 열심히 믿는다고 하더라도 삶에서 신앙이 스며 나오지 않는다면 그 신앙은 참 신앙이 아닙니다. 예수를 믿는다는 것은 삶의 변화를 의미합니다. 예수를 믿는 믿음은 우리 편의 수행이나 노력으로 얻어지는 것이 아닙니다. 예수를 믿음으로 구원받은 감격과 감사가 일상의 변화를 이끕니다. 우리의 고행이 아닌 예수를 믿는 믿음으로만 구원받은 것은 참 행복입니다.

웃음의 영성

사람이 15초를 웃으면 이틀 더 수명이 연장된다고 합니다. 오래전에 위암 4기 판정을 받은 어느 목사님이 있습니다. 3개월밖에 살 수 없다는 시한부 사망선고를 받은 것입니다. 그런데 그 목사님은 아직도 건재하십니다. 그 목사님이 밝힌 비결은 "특별하게 먹은 거 하나도 없습니다. 한순간도 불안해하지 말자. 무조건 웃자고 생각했어요."였습니다.

웃음은 하나님이 인간에게 주신 영혼의 약입니다. 동물이 웃는다는 말은 들어 본 적이 없습니다. 하나님은 인간만이 누릴 수 있는 웃음이란 특권을 주셨습니다. 우리 옛 속담에도 "웃는 얼굴에 침 못 뱉는다.", "웃으면 만복이 들어온다." 등의 웃음과 관련된 속담들이 있습니다. 웃음에 대한 속담은 한결같이 긍정적인 것들입니다.

얼굴에 있는 80여 개의 근육들 가운데 눈살을 찌푸리는 데는 72개의 근육이 사용되고 미소를 짓는 데는 겨우 14개의 근육만이 사용됩니다. 이 중 사람의 인상을 좌우하는 근육은 주로 입 근처에 몰려 있습니다. 웃음은 그 사람의 인상을 좌우하는 것입니다. 그래서 미소는 최고의 화장술이라고도 합니다.

사람의 뇌는 이성적 사고와 논리를 추구하는 기능을 하는 왼쪽 두뇌와 상상력, 통찰 및 묵상하는 기능을 담당하는 오른쪽 두뇌가 있습니다. 오른쪽 두뇌와 왼쪽 두뇌를 다 활용하고 발전시켜 기능의 조화가 이루어지게 해야 전인적 인간이 될 수 있습니다. 웃기 위해서는 오른쪽 두뇌와 왼쪽 두뇌를 모두 사용해야 한다고 합니다. 웃음은 지성과 감성을 조화하는 전인적 활동입니다.

옛 어른들은 자녀들이 집을 나갈 때에 "그저 구불구불하여라."고 하였답니다. 이때 두 번째 구불(九不)이란 아홉 가지 부정적인 것을 말합니다. 그래서 웃음을 구불약(九不藥)이라고 하였습니다. 얼굴에 웃음을 띠면 아홉 가지 부정적인 요소가 사라집니다. 구불은 불안, 불신, 불화, 불손, 불편, 불초(不肖), 불쾌, 불경, 불공으로 대인관계에서 이 구불을 극소화해 주는 약이라 하여 구불약이라 합니다.

웃음은 실제로 인간의 육체와 정신 건강에 지대한 영향을 미친다는 것이 증명되었습니다. 웃으면 건강해지며 좋은 일이 생깁니다. 자주, 그리고 많이 웃는 것이 성공하는 길이며, 웃음은 영혼의 음악이기 때문에 웃는 시간을 따로 떼어 놓으라고 합니다. 웃으면 기쁜 일이 생기는 것도 이 때문입니다.

이렇듯 웃음은 영혼과 관련되어 있습니다. 웃음에도 영성이 있습니다.

가위바위보의 영성

옛날에 원숭이 사냥을 할 때는 커다란 통에 바나나 먹이를 잔뜩 넣고, 원숭이의 팔이 겨우 들어갈 정도의 작은 구멍을 파 두었다고 합니다. 원숭이가 구멍으로 손을 넣어 바나나를 잡으면 사냥꾼이 다가올 때까지 움켜쥔 손을 풀지 못하고 있다가 잡히고 맙니다. 잡는 것도 중요하지만 이에 못지않게 중요한 것은 잡은 것을 놓는 것입니다.

자기를 위하여 쌓기만 하고, 움켜쥐기만 하면 내가 가장 큰 손해를 봅니다. 많은 사람이 움켜쥔 손을 놓지 못하고 살아갑니다. 많은 사람이 쌓기만 하고 살아갑니다. 가진 것을 움켜쥐고, 쌓는 것에 정신이 팔려서 더 소중한 하나님의 은혜를 잃어버리고 삽니다. 움켜쥐고 쌓는 것에 열중하다가 내려놓음의 자유를 깨닫지 못하고 살아갑니다. 나를 위해 쌓다가 이웃의 신음을 듣지 못하고, 하늘의 곳간이 텅텅 비어 있게 만듭니다.

가위바위보는 오랜 인류의 놀이입니다. 두 손가락을 뻗으면 '가위'이고, 손바닥을 열면 '보'이고, 주먹을 쥐면 '바위'입니다. 보는 바위를 이깁니다. 열린 손이 주먹을 이기는 것입니다. 열린 손은 주는 손이며, 평화의 손이며, 빈손입니다. 주먹은 움켜쥔 손이며, 때리며 전쟁을 일으킵니다. 주먹을 쥐는 곳에는 분함이 있고 갈등이 있고 싸움이 있습니다. 그러나 주먹을 편 열린 손에는 화해가 있고 웃음이 있고 사랑이 있습니다.

  일전에 어느 분과 함께 식사를 하고 있었습니다. 펀드 매니저로 일하고 있는 그분의 조카로부터 긴급한 전화가 걸려 왔습니다. 달러가 IMF 수준으로 오를 것이므로 빨리 있는 돈을 다 바꿔 달러를 사 놓으라는 것입니다. 그분은 저에게도 가진 돈을 달러로 바꿔 놓는 것이 좋을 것이라고 하였습니다. 두 아이들의 가족이 다 미국에 살고 있고 외국 여행 계획이 있기에 솔깃한 말이었습니다. 그러나 그렇게 하지 않았습니다. 모든 사람이 당장 필요하지 않은 달러를 사 모은다면 달러가 더 오를 것이 뻔한 일이기 때문입니다. 당장에 필요하지 않은 달러를 장롱 속에 감추어 둘 것이 아니라 장롱을 열고 달러를 내놓아야 할 시기입니다. 함께 손을 펼 때 함께 이길 수 있습니다.

  무엇이든 귀한 것일수록 움켜쥐지 말고 감사함으로 그 손을 펴야 합니다. 움켜쥐려는 인간의 유아기적 본능을 어른답게 다스려야 합니다. 주먹을 꽉 쥔 채 잠을 자는 사람은 없습니다. 손을 펴야 평안한 잠을 잘 수 있습니다. 손을 펼 때에 삶은 훨씬 단순해지고 순탄해집니다. 있는 것을 내놓을 줄 아는 편 손이 내 자신과 사회를 평안하게 할 수 있습니다. 열린 손이 쥔 손을 이기는 가위바위보의 영성이 절실하게 필요한 시대입니다.

● 서든 데스

운동경기에서 정규시간이나 기간 안에 승부를 가리지 못하고 연장전에 들어간 경우, 먼저 득점하는 팀이 승리를 하고 경기를 끝내는 경기방식을 '서든 데스'(Sudden Death)라고 합니다. 문자적으로는 '돌연한 죽음', 즉 '돌연사'라고 할 수 있습니다. 예를 들어 축구경기에서 전후반 90분 경기가 끝나고 무승부가 됐을 때 종전대로 30분간의 연장전에 들어가되 어느 팀이든 먼저 한 골을 얻는 순간 경기가 종료되는 방식입니다.

운동경기 외에 주사위 놀이 등에서도 단판 승부를 '서든 데스'라고 합니다. 경기에 이 방식이 도입된 동기는 선수들의 체력보호와 게임의 박진감을 더하기 위함이었습니다. 국제축구연맹(FIFA)은 1993년 호주 세계청소년축구선수권대회에 처음으로 '서든 데스' 제도를 시험 도입했습니다. 국가 대표 간의 시합인 'A매치'로는 1996년 유럽축구선수권대회 결승전인 독일과 체코의 경기에 적용해 독일이 2 : 1로 체코에 이겨 우승했습니다. 이 제도가 월드컵에 채택된 것은 1998년 프랑스 대회부터였습니다.

'서든 데스' 제도가 도입되기 전까지는 연장전에서 몇 골이 터지든 전후반 각 15분씩 총 30분을 다 채웠습니다. 그러자 연장전에서 소극적이고 재미없는 경기를 하며 승부차기를 노리는 경우가 많았습니다. 이에 국제축구연맹은 선수들의 체력 소모를 줄이고 더 공격적이고 박진감 넘치는 경기를 유도하기 위해 '서든 데스' 제도를 도입하였던 것입니다. 도입 초기 연장전 첫 골의 이름은 '서든 데스 골'(Sudden Death Goal)이라고 불렸으나 뉘앙스가 좋지 못하다고 해서 '골든 골'(Golden Goal)로 바뀌었습니다.

미국인들의 국민 스포츠인 미식축구나 골프에서도 정규시간 안에 승부가 나지 않고 연장전에 들어가는 경우에 '서든 데스' 방식을 취하고 있습니다. '서든 데스'는 골프 경기에도 적용되고 있는데, 플레이오프에서의 메달 토너먼트나 두 명 이상의 동점자가 나와 토너먼트를 치러야 할 때 채택하는 연장전의 한 방식입니다. 임의로 한 홀을 지정해 그 홀에서 스트로크 수가 제일 낮은 사람이 승자가 됩니다.

인생 경기에도 '서든 데스'가 있습니다. 사람과 사람의 차이란 간발의 차이입니다. 사람들은 서로 다른 점보다 같은 점이 많습니다. 그중 큰 차이가 있다면 그것은 자세의 차이입니다. 능력의 차이를 극복할 수 있는 것은 집중력과 인내심 같은 삶에 대한 자세입니다. 어떤 자세를 취하느냐에 따라 최후의 승자가 되느냐 마느냐 하는 것이 결정됩니다. 우리는 우리의 인생에서 '골든 골'의 주인공이 되기 위하여 끝까지 집중력과 인내심을 잃지 말아야 합니다.

● 인저리 타임

다른 구기 종목과는 달리 축구에는 인저리 타임이라는 것이 있습니다. 전·후반 각각 45분의 경기시간을 정한 축구에서는 90분의 경기를 다 마치게 되면 심판의 재량에 따라 몇 분 정도 경기를 연장할 수 있습니다. 선수들의 부상 등으로 경기에서 잃은 시간만큼 경기를 더 하게 해 주는 제도입니다.

축구의 전·후반은 각각 45분이지만 실제로 선수들이 공을 차는 시간은 약 25분 정도라고 합니다. 나머지 시간은 스로인, 코너킥, 반칙, 오프사이드, 페널티킥, 골 세리머니 등에 소모됩니다. 그리고 축구는 구기 종목들 중에서도 경기장이 넓어 경기장 밖으로 나간 공을 경기장 안으로 들어오게 하는 데도 상대적으로 많은 시간을 소모하고 또 발로 하는 경기의 특성상 공이 자주 경기장 밖으로 나가기도 합니다.

축구의 경기 시간은 정확히 계산하기가 애매합니다. 오프사이드와 같은 경우에도 부심이 깃발을 들었지만 주심이 보지 못했다면 경기는 계속됩니다. 그렇기에 경기 시간을 다른 경기처럼 정확하게 잴 수는 없는 것입니다. 그리고 경기장이 넓고 선수들이 뛰어야 하는 범위가 넓기 때문에 선수들도 지쳐서 빨리 일어나지 못하는 경우가 많고, 상대방의 경기의 흐름을 끊기 위하여 공을 밖으로 차 내는 경우도 많이 있습니다. 이런 모든 경기의 상황이 아웃 오브 플레이 타임을 길어지게 하는 것입니다. 따라서 이러한 특성상 축구는 연장 시간, 즉 인저리 타임을 쓰는 것입니다.

 대부분의 인저리 타임은 3분을 넘지 못합니다. 일상에서의 3분은 긴 시간은 아닙니다. 그러나 축구 경기에서는 실제로 이 3분 안에 경기의 많은 변수들이 발생하기도 합니다. 다 이겨 놓은 경기가 비기는 경우도 있습니다. 심지어는 전·후반 내내 끌려다니던 경기를 역전시켜 승리할 수도 있습니다. 그런 경기의 경우, 인저리 타임은 결코 짧은 시간이 아닙니다.

 우리 인생에도 인저리 타임이 있습니다. 이제 모든 것이 다 끝났다고 포기하는 사람에게 인저리 타임은 별 의미 없는 소모적인 시간이지만 시간의 참 맛을 아는 사람에게 짧은 인저리 타임은 인생의 역전을 노릴 수 있는 시간이 될 수 있습니다.

 올해도 거의 다 지나갔습니다. 언론사들은 올해 국내외의 10대 뉴스를 선정하느라 분주합니다. 그러나 아직도 10대 뉴스는 끝나지 않았습니다. 며칠 남지 않은 올해의 끝자락에서 더 놀라운 사건이 터질 가능성도 있습니다. 우리 개인에게도 마찬가지입니다. 올해도 다 끝났다고 생각하는 사람에게는 의미 없지만 이 시간의 묘미를 아는 사람에게는 올해의 마지막 날에도 역전의 기회가 주어집니다. 이런 사람에게 시간은 언제나 하나님의 축복의 선물입니다.

무지개 영성

초판발행 2013년 12월 20일
2쇄발행 2014년 10월 25일

지은이 이성희
펴낸이 채형욱
펴낸곳 한국장로교출판사
주　소 110-470 / 서울 종로구 대학로3길 29 한국교회100주년기념관 별관
전　화 (02) 741-4381 / 팩스 741-7886
영업국 (031) 944-4340 / 팩스 944-2623
등　록 No. 1-84(1951. 8. 3.)

ISBN 978-89-398-4033-1 / Printed in Korea
값 13,000원

편집장 정현선
교정·교열 이슬기 김효진　　**표지·본문 편집** 최종혜 김보경
업무차장 박호애　　　　　　**영업차장** 박창원

※ 이 출판물은 저작권법에 의해 보호를 받는 저작물이므로 무단전재와 무단복제를 할 수 없습니다.